Ruth Warger

Der plötzliche Todesfall Jugendlicher Unterstützungsmöglichkeiten in der Schule

Ein Handbuch für Schulleitung, Lehrpersonal, Krisenteams an Schulen sowie schulexterne psychosoziale und psychologische Fachkräfte

Band 3 der Reihe Krisenintervention und Notfallpsychologie

STUDIA Universitätsverlag Innsbruck 2015

Reihe Krisenintervention und Notfallpsychologie
Herausgegeben von Barbara Juen und Dietmar Kratzer

Band 3: Ruth Warger. Der plötzliche Todesfall Jugendlicher. Unterstützungsmöglichkeiten in der Schule. Ein Handbuch für Schulleitung, Lehrpersonal, Krisenteams an Schulen sowie schulexterne psychosoziale und psychologische Fachkräfte.

Bisher in der Reihe erschienen:
Band 1: Krisenintervention und Notfallpsychologie, 978-3-902652-58-4, Studia, 2012, 230 Seiten € 34,80
Band 2: Krisenintervention und Notfallpsychologie bei Großschadenslagen und Katastrophen, 978-3-90265282-9, Studia, 2013, 306 Seiten, € 34,80

Ao. Univ. Prof.[in] Dr.[in] Barbara Juen ist die fachliche Leiterin der psychosozialen Dienste des ÖRK. Sie war von Anfang an am Aufbau der Krisenintervention in Österreich beteiligt. Sie arbeitet an der Universität Innsbruck primär im Forschungsbereich der Akuttraumatologie. Sie ist wissenschaftliche Beraterin des European Network for Psychosocial Support sowie des Reference Centre for Psychosocial Support der IFRC. Sie ist Sprecherin der Arbeitsgruppe Notfallpsychologie an der Universität Innsbruck.

Mag. Dietmar Kratzer ist Klinischer und Gesundheitspsychologe, Notfallpsychologe, Mitarbeiter am Institut für Psychologie der Universität Innsbruck und Mitglied der Arbeitsgruppe Notfallpsychologie mit Schwerpunkt Psychotraumatologie und Suizidalität. Er ist Organisator der jährlich dort stattfindenden internationalen Kriseninterventionstagung. Er ist fachlicher Leiter der psychosozialen Dienste (KI/SvE) im ÖRK Tirol und arbeitet im European Network for Psychosocial Support mit. Beim ÖRK ist er zudem der fachliche Leiter der Ö3-Kummernummer.

Autorin

Mag.[a] Dr.[in] ***Ruth Warger*** ist Klinische und Gesundheitspsychologin, Notfallpsychologin. Sie arbeitet als Projektmitarbeiterin am Institut für Psychologie der Universität Innsbruck und ist Mitglied der Arbeitsgruppe Notfallpsychologie. Zudem ist sie stellvertretende fachliche Leiterin der Krisenintervention (KI) und Einsatzkräftenachsorge (SvE) im Österreichischen Roten Kreuz (ÖRK) Tirol und Trainerin in diesen Bereichen. Ferner ist sie auch in freier Praxis tätig.
http://www.ruthwarger.com/ ruth.warger@yahoo.de

ISBN 978-3-903030-12-1

Herzog-Siegmund-Ufer 15
A-6020 Innsbruck

http://www.studia.at

Druck und Bindung: STUDIA, Innsbruck
Umschlagbild: Eva Huber
Umschlaggestaltung: STUDIA

Inhalt

Vorwort der Herausgeber

Im Rahmen der Krisenintervention nach traumatischen Ereignissen werden die Mitarbeiter/innen immer wieder auch mit traumatischen Ereignissen an Schulen konfrontiert. Ereignisse mit Kindern und Jugendlichen stellen sich dabei meist als besonders herausfordernd dar. Besonders im schulischen Kontext geht es darum, dass externe Kriseninterventionsteams sich gut in das Schulsystem einfügen und unter der Führung der Schulleitung arbeiten können. Koordination und Kooperation sind dabei wesentliche Erfolgsfaktoren. Seit mit Unterstützung des Ministeriums für Unterricht und Kunst viele österreichische Schulen schulinterne Krisenteams gebildet haben und seit zahlreiche Schulpsycholog/innen Zusatzfortbildungen im Bereich Krisenintervention absolviert haben, wurde die Krisenkompetenz des Schulsystems in Österreich wesentlich gestärkt. Ähnliches kann auch für die deutschsprachigen Nachbarländer gesagt werden.

Unterstützung von Kindern und Jugendlichen nach traumatischen Ereignissen erfordert ein gutes Zusammenspiel von Familie und schulischem Umfeld. Immer häufiger werden Schulen mit traumatischen Ereignissen konfrontiert, sei es im schulischen Kontext oder auch außerhalb der Schule, aber mit Schulbezug.

Diese Ereignisse stellen Schulen vor große Herausforderungen. Es geht dabei nicht nur um eine direkte Betreuung der betroffenen Klasse oder Schüler/innen durch psychologisch geschulte Fachkräfte, sondern vielmehr darum, dass das gesamte schulische Umfeld unter Führung der Schulleitung möglichst kompetent auf die Krise reagiert.

Erfahrungen nach Todesfällen an Schulen zeigen die hohe Bedeutung eines guten Informationsmanagements sowie einer guten Führung durch die Krise. Alle beteiligten Berufsgruppen und Helfersysteme sollten dabei möglichst an einem Strang ziehen um den betroffenen Kindern und Jugendlichen eine optimale Verarbeitung des Ereignisses zu ermöglichen. Gelingt dies, wächst das gesamte System daran und erwirbt Krisenkompetenz - auch im Sinne von Prävention und Resilienzförderung für (mögliche) zukünftige belastende Lebensereignisse.

Die vorliegende Arbeit basiert auf Interviews mit Expert/innen aus Österreich, Deutschland und der Schweiz, aber auch mit betroffenen Schulleiter/innen,

Lehrpersonen, Schüler/innen und Eltern und bietet einen praxisnahen Einblick in die besonderen Bedürfnisse und Erfordernisse nach Todesfällen im schulischen Kontext.

Checklisten und Kurzübersichten runden das Bild ab und geben Praktiker/innen die Gelegenheit sich kurz und prägnant über die wesentlichsten Anforderungen zu informieren.

Basis des Handbuchs ist die Dissertation von Ruth Warger (2014) an der Universität Innsbruck, die aber zum Zweck der Praxisfreundlichkeit stark umgearbeitet wurde.

Innsbruck im September 2015

Barbara Juen und Dietmar Kratzer

Vorwort und Danksagung

> "Krise kann ein produktiver Zustand sein.
> Man muss ihr nur den Beigeschmack der Katastrophe nehmen."
> (Max Frisch)

Dieses Handbuch beschäftigt sich mit plötzlichen Todesfällen von jugendlichen Schüler/innen und einer bestmöglichen psychosozialen Unterstützung des Schulsystems in solchen Ausnahmesituationen. Das Buch basiert auf den Ergebnissen meines Dissertationsprojekts an der Universität Innsbruck (Warger, 2014). In meiner Untersuchung wurden verschiedenste Erfahrungen (von Schulleitung, Lehrpersonal, Eltern, Jugendliche sowie schulexternen Fachpersonen) mit plötzlichen Todesfällen von Schüler/innen in Hauptschulen und Gymnasien analysiert und allgemeine Bedürfnisse im System Schule, vor allem aber die besonderen Bedürfnisse von Jugendlichen ausgearbeitet. Das Thema ist von großer praktischer Relevanz, da solche akuten Krisensituationen, wie das plötzliche Versterben eines/r Schülers/Schülerin, das Umfeld häufig sprachlos und handlungsunfähig machen. Eine gute Vorbereitung und eine grundsätzliche Auseinandersetzung mit dem Thema können dem entgegenwirken. Die Frage: "Wie gehe ich mit Jugendlichen nach dem plötzlichen Versterben eines/r Mitschülers/Mitschülerin um" wird in Institutionen wie der Schule immer wieder zum Thema. Die Trauer von Jugendlichen stellt für das Schulpersonal eine besondere Herausforderung dar. Das Ziel dieses Handbuchs liegt darin, verschiedenste Reaktionen besser zu erkennen und zu verstehen sowie die unterschiedlichen Bedürfnisse wahrzunehmen, um schlussendlich eine optimale Unterstützung bieten zu können.

Die Inhalte dieses Handbuchs bzw. die Ergebnisse meiner Dissertation (Warger, 2014) fließen bereits in verschiedene Aus- und Fortbildungen von sogenannten "Krisenteams", "Careteams", "innerschulischen Krisenteams", aber vor allem in die Aus- und Fortbildungen von schulexternen Helfer/innen, wie beispielsweise Kriseninterventionsmitarbeiter/innen, Notfallseelsorger/innen, Notfallpsycholog/innen, Schulpsycholog/innen etc., im gesamten deutschsprachigen Raum ein. Die große Nachfrage an Aus- und Fortbildungen spiegelt die Aktualität der Thematik sowie das Bedürfnis nach Hilfestellungen wieder.

Abschließend finden sich die zentralen Punkte dieses Handbuchs zusammengefasst in Form von Kurzübersichten zu den verschiedenen Zielgruppen (Schulleitung, Lehrpersonal, Jugendliche und Eltern) und in Checklisten für schulinterne und -externe Helfer/innen wieder.

Danksagung

Ein erster Dank gilt all den Jugendlichen, die sich dazu bereit erklärt haben uns an ihren Erfahrungen teilhaben zu lassen um so auf eine bestmöglichste Unterstützung für zukünftige Todesfälle von Schüler/innen hinarbeiten zu können.

Ein großer Dank geht auch an all jene Schulen, Lehrpersonen, Schulleitungen, Kriseninterventionsmitarbeiter/innen, Jugendbetreuer/innen und Schulpsycholog/innen, deren Wissen und jahrelange Erfahrung in diese Arbeit mit einfließen konnte.

Ein besonderer Dank geht an die Fachleute aus Deutschland, Österreich und der Schweiz, welche mit Ihrem Expert/innen-Wissen wesentlich an meinem Dissertationsprojekt (Warger, 2014) und somit an diesem Handbuch beigetragen haben:

- Frau Dipl. Psych. Ulrike Buckwitz (Deutschland, Nord)
- Herr BR Wolf-Dieter Schuster (Deutschland, Süd)
- Herr Mag. (FH) Ingo Vogl (Österreich)
- Herr Lic. phil. Toni Peterhans (Schweiz)

Ein herzliches Dankeschön!

Mag.[a] Dr.[in] Ruth Warger

September, 2015

I Einleitung: Krise

Mit dem Wort "Krise" assoziieren wir im Alltag Begriffe wie Chaos, Überforderung, Informationsmangel, Leere, Zeitdruck, Handlungsdruck, Hilflosigkeit etc.

Eine wissenschaftliche Definition von Krise lautet beispielsweise folgendermaßen, "ein Ereignis oder eine Situation, die als untragbare Schwierigkeit wahrgenommen wird und welche die für die betroffene Person vorhandenen oder im Moment zur Verfügung stehenden Bewältigungsstrategien überfordert" (D´Amelio et al., 2006, S. 195). Krisen in Systemen, wie beispielsweise Schulen, sind etwas anders definiert. Eine derartige Krise enthält unerwünschte Umstände, die geprägt sind von Unsicherheit, Zeitdruck und einer Bedrohung von grundlegenden Werten, wie zum Beispiel Sicherheit, Gesundheit etc. (Boin et al., 2005). Eine Krise kann grundsätzlich aus jeder Art von Notfall heraus entstehen. Ereignisse wie zum Beispiel Todesfälle können die ansonsten zur Verfügung stehenden persönlichen und systemischen Strategien und Ressourcen bedrohen und ein Gefühl der völligen Überforderung hervorrufen. Sie stellen somit laut Definition eine klassische Krisensituation dar. Ein- und dasselbe Ereignis führt allerdings für verschiedene Personen nicht automatisch zu einer Krise. Von großer Bedeutung ist die subjektive Einschätzung der Situation und der Bewältigungsmöglichkeiten (vgl. Ulich, 1987), dasselbe gilt auch für das System.

Das was nach außen hin als "belastend" angesehen werden kann, muss für die betroffene Person/das betroffene System noch lange nicht belastend sein. Die Erfahrung zeigt außerdem, dass betroffene Personen/Systeme oft einen ganz anderen Aspekt einer Situation als belastend erleben, als von außen betrachtet vermutet.

Aus dem alltäglichen Gebrauch des Wortes Krise sowie auch aus verschiedenen wissenschaftlichen Definitionen von Krise (Ulich, 1987; Caplan, 1961; James & Gilliland 2001), kommt immer wieder das Übersteigen der subjektiv wahrgenommenen Bewältigungsmöglichkeiten zum Ausdruck.

Mit Krise wird im Alltag häufig auch "Trauma" in Verbindung gebracht. Der Begriff Trauma unterscheidet sich vom Begriff der Krise dahingehend, als üblicherweise nur bestimmte Ereignisse, die mit Tod oder Existenzbedrohung zusammenhängen, als potentiell traumatisch betrachtet werden. Auch das Trauma hat eine subjektive und eine objektive Seite. Ein objektives Ereignis führt zur subjektiven Überforderung. Dies spiegelt sich auch in der Trauma Definition von Fischer & Riedesser (2003) wieder, die Trauma als "... ein vitales Diskrepanzerlebnis zwischen bedrohlichen Situationsfaktoren und den individuellen Bewältigungsmöglichkeiten" (S. 82) beschreiben.

Der Unterschied zwischen einer psychosozialen Krise und einer traumatischen Krise liegt somit im Wesentlichen im Auslöser. Psychosoziale Krisen können beispielsweise aus einem Umzug, dem Verlassen des Elternhauses, der Elternschaft, der Pensionierung etc. (sogenannten Lebensveränderungskrisen) resultieren und Betroffene massiv überfordern (Sonneck, 2000).

Einer traumatischen Krise hingegen liegt ein traumatisches Ereignis zu Grunde. Todesfälle im Kontext Schule können je nach subjektiver Einschätzung der jeweiligen betroffenen Personen eine traumatische Krise bei Einzelnen oder im gesamten System auslösen.

Das subjektive Erleben der einzelnen Personen hängt von deren Bewältigungsstrategien, vom Entwicklungsstand, vom sozialen Umfeld, von den Schutz- oder Risikofaktoren sowie von der Vorgeschichte einer Person ab. Denn nicht zu vernachlässigen ist die Möglichkeit, dass einzelnen Personen bereits Traumatisierungen oder andere belastende Todesfälle vorausgegangen sind und dadurch in einem stärkeren Ausmaß betroffen sein können als andere.

Alter und Entwicklungsstand beeinflussen die Bewertungs- und Bewältigungsbemühungen eines/r Betroffenen (Wolf, 2007). In diesem Handbuch wird daher ein besonderes Augenmerk auf die Besonderheiten im Jugendalter gelegt. In diesem Alter treffen möglicherweise traumatische Krisen (z.B. durch Todesfälle) auf Lebensveränderungskrisen (z.B. durch die Loslösung vom Elternhaus) was die Bewertung betroffener Jugendlicher weiter beeinflussen kann.

Wie bereits angedeutet liegt einer traumatischen Krise immer ein traumatisches Ereignis zu Grunde. Aber wann genau kann von einem traumatischen Ereignis gesprochen werden?

Die Definition eines traumatischen Ereignisses ist in sogenannten psychologischen Diagnosemanualen festgehalten. Beispielsweise das DSM (Diagnostic and Statistical Manual for Mental Disorders der American Psychiatric Association, APA) legt Kriterien für ein traumatisches Ereignis fest. Diese Kriterien müssen erfüllt sein, um von einem traumatischen Ereignis sprechen zu können. In der vierten Ausgabe des DSM (APA, 2003) wurde von objektiven (z.B. drohender Tod oder ernsthafte Verletzung der Person, Zeugenschaft) und subjektiven Faktoren (z.B. das Erleben von Hilflosigkeit, Entsetzen) gesprochen, die ein traumatisches Ereignis ausmachen.

Im Zuge der Neuerungen 2013 in der fünften Ausgabe des Diagnosemanuals DSM (APA, 2013) hat sich besonders die Beschreibung des traumatischen Ereignisses verändert. Das Erleben eines solchen Ereignisses wird nun weiter gefasst und bezieht sich auf dem Ausgesetztsein gegenüber aktuellem oder drohendem Tod, ernsthafter Verletzung oder sexueller Gewalt. Dieses kann auf folgenden Arten geschehen:

- das direkte Erleben eines traumatischen Ereignisses durch den Betroffenen,
- der Zeugenschaft,
- dem Erfahren, dass nahe Angehörige oder Freund/innen von einem traumatischen Ereignis betroffen sind bzw. waren,
- die Erfahrung wiederholter oder extremer Konfrontation mit aversiven Details von einem oder mehreren derartigen traumatischen Ereignissen.

Im Verlauf dieses Buches wird die Unterscheidung zwischen Trauma und Trauer, deren Überschneidungen sowie deren Bedeutung für Todesfälle jugendlicher Schüler/innen noch deutlicher ersichtlich.

II Schule als System und ihre Rolle in der Krise

1 Einleitung

Schule als ein "soziales System" ist einerseits Teil eines übergeordneten Systems (z.B. Schulamt, Bildung) und andererseits sind auch innerhalb des Systems "Schule" wiederum Subsysteme (z.B. Außenstellen eines Schulsprengels) zu erkennen (Ameln, 2004).

In einer Schule herrschen bestimmte Regeln darüber, wer Teil des Systems Schule ist, wer welche Rolle einnimmt (auch hierarchische Ebenen) und wie das Zusammenleben geregelt wird. Dies gilt auch für den Ausnahmezustand bei einem Todesfall. Das Versterben eines/r Schülers/Schülerin stellt sowohl für die Individuen als auch für das ganze System Schule eine große Herausforderung dar. Neben der Trauer des/der Einzelnen rückt auch die trauernde Schulgemeinschaft in den Mittelpunkt, auch wenn jede/r in unterschiedlichem Ausmaß vom Todesfall betroffen ist. Das Handbuch beschäftigt sich mit plötzlichen Todesfällen jugendlicher Schüler/innen, aus unterschiedlichen Perspektiven und verfolgt einen systemischen Ansatz. Todesfälle von Schüler/innen stellen in der Regel eine besondere Krisensituation für die Schule dar. Ein einschneidendes Erlebnis, wie der Todesfall eines/r Mitschülers/Mitschülerin, sollte immer im gesamten Kontext betrachtet werden. Die Schule stellt für Kinder und Jugendliche einen sozialen Lebensmittelpunkt dar und hat besonders in solchen Krisensituationen einen sehr wichtigen Stellenwert für die Bewältigung aller Beteiligten (vgl. Franz, 1986).

Die Struktur die Schule bietet, erfüllt eine gewisse Schutzfunktion für die Heranwachsenden. Eine gute Schulgemeinschaft bzw. auch Klassengemeinschaft kann beispielsweise dem/der Einzelnen vermitteln, dass belastende Situationen als Herausforderungen gesehen werden und verschiedenste Ressourcen zur Bewältigung zur Verfügung stehen (Opp, 1999).

Ein guter Umgang mit Krisensituationen kann das Gefühl der Gruppenzugehörigkeit und den Gruppenzusammenhalt einer Klasse oder auch einer gesamten Schule stärken (Kendall, 2004). Ein wesentlicher Faktor sind dabei nicht nur die Schüler/innen selbst, sondern auch die Lehrkräfte, weiteres Schulpersonal sowie auch die Leitung der Schule. Ein gutes Zusammenwirken aller Personen in einem Schulsystem ist damit eine Voraussetzung, um den/die Einzelnen nach einem Todesfall zu unterstützen und zu stärken. Damit zeigt sich auch, dass die gesamte Schule in einer solchen Krisensituation, wie dem Versterben eines/r Schülers/Schülerin, gefragt und gefordert ist.

Die Schule bietet weiters die Möglichkeit den sehr an die Gleichaltrigen-Gruppe orientierten Jugendlichen mittels Gruppeninterventionen - ohne Stigmatisierungseffekt Einzelner - gestärkt durch die Krise zu begleiten.

2 Soziale Unterstützung

Ein "intaktes" soziales Netzwerk kann allgemein psychische Gesundheit fördern und in Belastungssituationen eine wichtige Hilfe darstellen (Franz, 1986; Laireiter, 1993). Laut Landolt (2004) werden gerade im Kindes und Jugendalter Belastungsreaktionen erheblich durch Faktoren des sozialen Umfeldes mitbestimmt. Während bei jüngeren Kindern die Hauptbezugspersonen die Eltern bzw. die Familie sind, steigt mit zunehmendem Alter die Wichtigkeit der Gleichaltrigen-Gruppe (Peergroup). Die protektive Wirkung von sozialer Unterstützung in der Schule nach einer traumatischen Erfahrung eines/r Schülers/Schülerin konnte bereits durch eine Studie von Yule im Jahr 1992 nachgewiesen werden (zitiert nach Landolt, 2004). Man kann nicht nur durch Familie oder Freund/innen soziale Unterstützung erfahren, sondern auch durch Organisationen oder Institutionen (Franz, 1986). Dabei kommt es nicht auf die Quantität, sondern auf die Qualität sozialer Unterstützung an. Stabile Bindungen zu Freund/innen gelten als wichtige Bewältigungsressourcen, wohingegen unsichere oder fehlende Freundschaften zu potentiellen Risikofaktoren zählen (Karutz & Lassoga, 2008).

3 Resilienzförderung

Es wäre utopisch zu glauben, jeglicher Art von Krisensituationen entgehen zu können. Doch haben wir Einfluss darauf, wie wir uns entscheiden damit umzugehen. Das Ziel liegt darin aus einer Krisensituation gestärkt hervorgehen zu können.

Resilienz (resilire, lat.: zurückspringen, abprallen) wird häufig als "psychische Widerstandsfähigkeit" verstanden, welche es ermöglicht nach aversiven Ereignissen wieder zu einer Normalität bzw. in eine Form von Alltag zurückzukehren (Bonanno et al., 2006).

Mit der Zeit hat sich das Verständnis von Resilienz stark verändert. Es zeigt sich ein Wandel von Resilienz als individuelle, angeborene Fähigkeit hin zur "dynamischen, komplexen, erlernbaren und von sozialen Systemen abhängigen Fähigkeit, welche gefördert werden kann" (Siller et al., 2013, S. 125). Je nach persönlichen Überzeugungen, Grundannahmen, Neigungen, bisherigen Erfahrungen oder auch je nach Krisensituation, Wissen und Involviertheit in das Ereignis reagieren Menschen sehr unterschiedlich. Die Entwicklung von Resilienz ist ein Prozess, der von vielen außenstehenden, sozialen Faktoren beeinflusst werden kann. Das soziale Umfeld, die Existenz von Vertrauenspersonen sowie die Struktur einer Schule, die Beziehung zum Lehrpersonal etc. können in unterstützender Art und Weise Resilienz bei Kindern und Jugendlichen fördern (Bedar, n.d.). Resilienz ist daher nicht als individuelle Eigenschaft sondern als sozialer Prozess zu verstehen. Somit kann zusammengefasst davon ausgegangen werden, dass folgende vier Elemente Einfluss auf Resilienz nehmen (Juen et al., 2012):

- Das Ereignis mit seinen spezifischen Charakteristika (zum Beispiel Dauer, Schweregrad etc.)
- Die Person mit ihren inneren Ressourcen
- Die Umwelt mit ihren vermittelnden Ressourcen
- Die Gemeinschaft oder Gruppe, der die Person angehört und die mit bestimmten Fähigkeiten und Möglichkeiten der Ressourcennutzung ausgestattet ist

Neben der Familie leisten auch Institutionen, wie Kindergärten und Schulen, ihren Beitrag zur Förderung von Resilienz, was eine protektive Funktion für Kinder und Jugendlichen für den Fall traumatischer Erfahrungen darstellt (Wustmann, 2004; Fegert et al., 2010). Hier ist es wichtig von einem Defizit-Modell-Denken hin zu einem Kompetenz-Modell-Denken zu wechseln. Kompetenzen und Fähigkeiten der Schüler/innen, Lehrpersonen, Führungskräfte sowie der Schule als Ganzes sollen präventiv gestärkt und optimiert werden. Damit geht im Sinne eines kollektiven Verständnisses von Resilienz auch zugleich die Förderung von Gruppenkohärenz und offener Kommunikation einher (siehe Goldbrunner, 2003).

Dieses Handbuch basiert auf einem kollektiven, sozialen Resilienzbegriff mit dem Ziel mittels psychosozialer Interventionen Resilienz von Individuen, von Gruppen und von Systemen optimal zu fördern.

III Entwicklungspsychologische Aspekte im Jugendalter

Das Jugendalter ist gekennzeichnet von biophysischen (körperlichen, hormonellen etc.), kognitiven, emotionalen und psychosozialen Veränderungen (Jones, 2008; Baacke, 2003; Berk, 2005; Dreher, 2010).

Neben den körperlichen Veränderungen, wie Wachstum und Beginn der sexuellen Reifung, schreitet auch die Gehirnentwicklung im Laufe der Adoleszenz fort, wobei sich vor allem der Frontallappenbereich weiterentwickelt. Der Frontallappen ist neben motorischen Aufgaben auch zuständig für die Koordination und Regulierung von Emotionen, das vorausplanende Denken und kognitiver Kontroll- und Reflexionsfähigkeit (Dreher, 2010). Damit können wiederum Verbindungen zu Reaktionen und Bewältigungsstrategien gezogen werden. Die Regulierung von Emotionen ebenso wie Reflexionsfähigkeit sind zentrale Elemente in der Stressregulierung (vgl. Romeo & McEwen, 2006).

Dem Frontallappen werden unter anderem persönliche Eigenschaften, wie Moralentwicklung und Entscheidungskompetenz, zugeschrieben. Die kognitiven Entwicklungen im Jugendalter können einerseits das Bewusstsein erweitern, aber andererseits auch Verunsicherung, Zweifel und Wut hervorrufen (Dreher, 2010). Die Pubertät ist meist schon beendet, wenngleich die sozialen und emotionalen Folgen noch länger spürbar sind. Daher spricht man hier von Adoleszenz, einer Zeitspanne, die über die physiologischen Veränderungen hinaus geht (Baacke, 2003) und sich nicht auf die sexuelle Reifung (Pubertät) beschränkt (Spear, 2000).

Laut Piaget (1992), welcher von vier kognitiven Entwicklungsstufen spricht, besitzt erst der/die Jugendliche die Fähigkeit Erfahrungen zu interpretieren und durch kontrafaktisch kritische Reflexion in Frage zu stellen (vgl. Baacke, 2003). Dies kann zu einer neuen Form des Egozentrismus führen, zu zwei kognitiven Verzerrungen gegenüber der Selbstwahrnehmung. Dies wäre einmal das "imaginäre Publikum", das Gefühl im Mittelpunkt der Aufmerksamkeit und im Fokus des Interesses von jedem/r zu stehen (Elkind & Bowen, 1979 zitiert nach Beck, 2005). Weiters die Annahme der "persönlichen Legende", die eine übersteigerte Meinung ihrer eigenen Bedeutung darstellt bzw. in den Jugendlichen das Gefühl der Einzigartigkeit und Besonderheit auslöst (Elkind, 1994 zitiert nach Beck, 2005 und auch zitiert nach Bischof-Köhler, 2011). Diese kognitiven Verzerrungen haben u.a. Einfluss auf die Trauer von Jugendlichen, die ebenso als einzigartig und besonders erlebt wird und von Erwachsenen oft als nicht nachvollziehbar wahrgenommen wird. Bis zum Zeitpunkt der ersten Konfrontation mit dem Tod (beispielsweise durch den Todesfall eines/r Mitschülers/Mitschülerin) scheint der Tod für Jugendliche weit entfernt zu sein, wodurch eine emotionale Akzeptanz für sie als schwierig erlebt wird (Werth, 2012).

Aufbauend auf die körperliche und kognitive Weiterentwicklung, geht es im Jugendalter auch um die Entwicklung eines kohärenten Selbstbildes (Erikson, 1963; Berk, 2005; Werth, 2012; Franz, 1986), um die Identitätsfindung.

Im Jugendalter geht es um (Dreher, 2010, S. 1):

(a) Die Auseinandersetzung mit der eigenen Person: Selbstkonzept, Identität, Komponenten der Selbstregulation und Verantwortungsübernahme.

(b) Die Gestaltung von Beziehungen: Bindung und Ablösung im Kontext von Familie, Freundschaft, Partnerschaft.

(c) Die Konkretisierung von Lebensentwürfen: personale, soziale und berufliche Kompetenz; Einstellung und Wertorientierung; Rollenübernahme und Entwürfe von Zukunft und Lebensstil.

Jugendliche sind auf der Suche nach Unabhängigkeit und sich selbst. Damit verbunden ist häufig eine erhöhte Risikobereitschaft um Grenzen auszutesten (Jones, 2008; Dreher, 2010). Die Risikobereitschaft von Jugendlichen steigt unter Einfluss der Gleichaltrigen-Gruppen noch weiter an. Die Suche und der Kampf nach emotionaler und finanzieller Unabhängigkeit bringen in der Regel Beziehungskonflikte mit den Eltern, um sich als Jugendliche/r von ihnen ein stückweit lösen zu können. Berk (2005) betont, dass Jugendliche wie Erwachsene behandelt werden möchten und eigene Entscheidungen treffen wollen. Dies bedeutet allerdings nicht, dass die Eltern in belastenden Situationen nicht trotzdem als emotionale Unterstützung genützt werden (Baacke, 2003). Die Hauptbezugspersonen stellen für Jugendliche allerdings nicht mehr ausschließlich die Eltern dar, sondern immer stärker die Gleichaltrigen-Gruppe (Peers). Die Gleichaltrigen-Gruppe, der sich der/die Jugendliche zugehörig fühlt, ermöglicht die bevorzugte Art von Beziehungen und die eigene "wahre" Identität zu finden (Berk, 2005; Karutz & Lassoga, 2008). Freundschaften bergen damit die Chance der Identitätsfindung und der Entwicklung eines besseren Verständnisses für das Gegenüber (Berk, 2005). Es rückt die Frage ins Zentrum: "Wer bin ich? Wo ist mein Platz in der Gesellschaft?". Damit dient die Gleichaltrigen-Gruppe zur individuellen Orientierung, sie bietet Zustimmung und Anerkennung von Seiten Nicht-Erwachsener, ein Übungsfeld der Unabhängigkeit von der Erwachsenenkontrolle und vermittelt das Gefühl der Zugehörigkeit und Sicherheit (Parsons, 1959). Bei der Bewältigung von Problemen können die Gleichaltrigen Orientierung geben, gemeinsam Unsicherheiten und Ängste bewältigen und gegenseitig soziale Unterstützung bieten (Franz, 1986). Das zeigt sich auch in der Bewältigung von Krisensituationen und traumatischen Ereignissen. Gleichaltrigen-Gruppen können beispielsweise bei Todesfällen von Mitschüler/innen eine wichtige Unterstützung darstellen (z.B. anhand von Gruppenritualen, ...).

Während Jungen in Gleichaltrigen-Gruppen vor allem die Möglichkeit nutzen Risiken einzugehen, Grenzerfahrungen zu erleben und Autoritätskonflikte mit den Erwachsenen auszutragen, erproben Mädchen vor allem ihre Beliebtheit und soziale Wertschätzung (Baacke, 2003). Mädchen bilden meist Zweier- oder Dreiergruppen, bei denen es vor allem um den Austausch persönlicher Belange, um gegenseitiges Verständnis und Unterstützung geht. Die Rückmeldungen von Erwachsenen und Peers werden im Jugendalter sehr bedeutsam für die Selbsteinschätzung.

Diese eben dargestellten entwicklungspsychologischen Aspekte sollten im Umgang mit Jugendlichen nach traumatischen Erlebnissen stets mitbedacht werden.

Im nachfolgenden Kapitel wird nach einer Einführung zu allgemeinen Stressreaktionen und Bewältigungsstrategien nach traumatischen Ereignissen auf die Besonderheiten im Jugendalter noch weiter eingegangen.

IV Trauma

1 Potentielle Stressreaktionen und Verlauf

Ein traumatisches Erlebnis kann sehr unterschiedliche Stressreaktionen auf körperlicher, emotionaler, kognitiver und Verhaltensebene auslösen (Mitchell & Everly, 1998; Jones, 2008):

Abbildung 1: Potentielle Stressreaktionen auf verschiedenen Ebenen.

Kognitiv: Verringerte Aufmerksamkeit Verwirrung Konzentrationsschwierigkeiten Erinnerungslücken Gedächtnislücken Alpträume, ...	**Emotional:** Hilflosigkeit Angst Schuldgefühle Wut Taubheitsgefühl Überwältigungsgefühl plötzl. Gefühlsschwankungen, ...
Körperlich: Schwitzen, trockner Mund Zittern, Schwindel Kopfschmerzen Bauchschmerzen Brustschmerzen Taubheitsgefühl Appetitlosigkeit Erschöpfung, ...	**Verhalten:** Schreckhaftigkeit Rückzug Schlafstörungen Vermeidungsverhalten Hektik, Ruhelosigkeit Erhöhter Drogenkonsum Vernachl. Körperhygiene Änderung v. Gewohnheiten. ...

In den ersten Stunden und Tagen nach einem traumatischen Erlebnis reagiert der Organismus mit erheblichen Stresssymptomen, welche in Anbetracht der Umstände normale Reaktionen auf ein außergewöhnliches Ereignis darstellen. Sie weisen eine mannigfaltige Natur auf und die Phänomenologie kann sich mit der Zeit noch sehr rasch ändern (Solomon et al., 1996).

Manche Menschen zeigen nach einem traumatischen Erlebnis kurzzeitige Stressreaktionen, wohingegen andere Menschen auch mittel- und/oder sogar langfristige Folgen aufweisen können (Cohen et al., 2006).

Allgemein lassen sich Trauma Symptome von ihrer Funktion her als problemfokussiert oder emotionsregulierend betrachten.

Intrusionen (sieh unten Exkurs) beispielsweise können von ihrer Funktion her als problemfokussierend, Vermeidung/ Verleugnung kann als primär emotionsregulierend betrachtet werden (vgl. Fischer & Riedesser, 2003; Juen, 2002).

Exkurs Intrusionen

Unter Intrusionen versteht man sich aufdrängende, belastende, willentlich nicht steuerbare Erinnerungen an das Ereignis, welche durch Trigger (Auslöser) auf verschiedenen Sinnesebenen (Gerüche, Geräusche, Taktiles, Bilder) ausgelöst werden können. Es handelt sich dabei um belastende Erinnerungen, wobei sich Betroffene im Hier und Jetzt befinden. Im Gegensatz zu Intrusionen fühlen sich Betroffene bei sogenannten Flashbacks wieder gänzlich in die traumatische Situation zurückversetzt und durchleben diese, als geschehe es gerade jetzt noch einmal, ohne jegliche Möglichkeit von Kontrolle (vgl. Ehlers et al., 2004; Holmes et al., 2005). Wiederkehrende Erinnerungen und Flashbacks treten bei Kindern und jungen Jugendlichen seltener auf (Perrin et. al., 2000). Das Wiedererleben kann sich bei Kindern beispielsweise in monotonem, repetitivem Verhalten zeigen (Simons & Herpertz-Dahlmann, 2008) oder auch in Form von Alpträumen (Wolf, 2007).

Laut Horowitz sind beide Funktionen (Intrusionen und Verleugnung) bedeutsam, um das traumatische Erlebnis Schritt für Schritt integrieren zu können (Horowitz et al., 1997). Fischer und Riedesser (2003) sprechen hier von einem "...Wechselspiel von Zulassen der Erinnerung und kontrollierender Abwehr oder Kompensation..." (S. 63).

Für einen positiven Verlauf des Prozesses ist es nach Horowitz notwendig, eine Balance zwischen Intrusion und Verleugnung herzustellen. Extreme Überwältigung (Überflutungszustände) und extreme Verleugnung sind schlecht für die Verarbeitung.

Auf den Verlauf der Verarbeitung können viele verschiedene Faktoren Einfluss nehmen. Diese dynamische Wechselwirkung von Einflussfaktoren haben Fischer und Riedesser (2003) in ihrem Verlaufsmodell zusammengefasst, welches hinsichtlich eines traumatischen Erlebnisses auch im schulischen Kontext als Orientierung herangezogen werden kann. So wird ein traumatisches Erlebnis beispielsweise von **objektiven Situationsfaktoren** (wie z.B. Intensität des Traumas, Häufung, direkte vs. indirekte Betroffenheit, traumatische Inhalte etc.) und von **subjektiven Bedeutungszuschreibungen** sowie **Bewältigungsmöglichkeiten**, welche wiederum stark von der Vorgeschichte einer betroffenen Person abhängen, beeinflusst. Neben psychischer und physischer Verfassung, Persönlichkeit, Einstellungen und individuellen Schutz- und Risikofaktoren haben für die Verarbeitung eines traumatischen Erlebnisses auch zusätzliche Belastungen (wie z.B. Scheidung etc.) und/oder schützende Faktoren (wie z.B. gute soziale Ressourcen) einen wesentlichen Einfluss. Das bedeutet, dass die individuelle Vorgeschichte (wie bisherige Erfahrungen, Tagesverfassung), die situativen Komponenten des traumatischen Erlebnisses (objektive Situationsfaktoren, subjektive Bedeutungszuschreibungen und Strategien) als auch kurz-, mittel- und längerfristigen Einflussfaktoren (wie zusätzliche Belastungen oder schützende Faktoren) immer in einer dynamischen Wechselwirkung zueinander zu sehen sind und dabei eine mögliche Chronifizierung mit hoher symptomatischer Belastung oder eben auch die Erholung nach einem traumatischen Erlebnis beeinflussen können (siehe hierzu das Verlaufsmodell der psychischen Traumatisierung, Fischer & Riedesser, 2003, S. 131).

In der Traumaverarbeitung kann somit von einer bio-psycho-sozialen Betrachtungsweise ausgegangen werden. So stehen beispielsweise biologische Voraussetzungen einer Person, bisherige Erfahrungen, emotionale Kompetenzen und Verhaltensweisen sowie sein/ihr soziales Umfeld stark in Wechselwirkung zueinander und haben Einfluss auf den Verarbeitungsprozess eines/r Betroffenen. Somit besteht eine sehr enge Verschränkung biologischer, psychischer und psychosozialer Prozesse und Strukturen.

2 Bewältigungsstrategien / Coping

Laut Lazarus und Folkman (1984) handelt es sich beim Coping um das kognitive und verhaltensbezogene Bemühen eine Situation zu bewältigen. Das heißt, dass Coping nicht zwangsweise für die erfolgreich angewandte Bewältigungsstrategie steht, sondern zunächst einmal lediglich für den Bewältigungsversuch. Die Funktion des Coping besteht darin, sich an eine Situation anzupassen bzw. das innere Gleichgewicht wieder herzustellen. Zu verstehen welche Bewältigungsversuche eine Person im Umgang mit Trauma verwendet, ist die Basis um adäquate Hilfe im Umgang mit auftretenden Reaktionen bieten zu können. Es geht darum, individuelle Bedürfnisse zu erkennen und persönliche positive Copingstrategien zu stärken (Zenere, 2004).

In der Literatur lassen sich einige Konzeptualisierungen von Copingstrategien finden, wie beispielsweise das bereits bei Intrusionen vs. Vermeidung angedeutete problem- und emotionszentrierte Coping (Lazarus & Folkman, 1984; vgl, Frydenberg, 2008)

- Problemzentriertes Coping: ist der Versuch, die stressverursachende Situation zu verändern. Frydenberg (2008) spricht hier beispielsweise vom "behavioral style".
- Emotionszentriertes Coping: ist der Versuch, die mit dem Problem einhergehenden Emotionen zu regulieren. Diese Bewältigungsform ist vor allem nützlich im Umgang mit unkontrollierbaren Stressoren. Frydenberg (2008) spricht hier vom "emotional style".

Es ist festzuhalten, dass Coping nicht einheitlich konzeptualisiert ist und die Unterscheidung der Copingstrategien und eine Gliederung dieser in verschiedene Bereiche in der Literatur nicht einheitlich vorgenommen wird (Tamres et al., 2002; Garcia, 2010). Dennoch soll nun auf einige Copingstrategien Bezug genommen werden, die in Hinblick auf Jugendliche und Bewältigung von Krisen genannt werden.

Wenn der Fokus besonders auf Jugendliche gerichtet wird, kann erkannt werden, dass Jugendliche je nach Alter unterschiedliche Copingstrategien verwenden. Jugendliche in der frühen Adoleszenz verwenden häufiger emotionale und expressive Copingstrategien[1] als ältere Jugendliche. Die Älteren greifen vermehrt zu kognitiven Copingstrategien[2]. Es zeigt sich also eine altersbedingte Zunahme eines internalen Copingstils (z.B. Nachdenken über Problemlösung). Außerdem werden verstärkt soziale Ressourcen genutzt, da die sozioemotionalen Kompetenzen der Jugendlichen zunehmen. Die Fähigkeit negative Emotionen zu regulieren steigt mit dem Alter an (Knebel & Seiffge-Krenke, 2007), während problemvermeidendes Coping mit zunehmenden Alter abnimmt (Winkler Metzke & Steinhausen, 2002).

Ein flexibles "resilientes" Coping ist laut Fischer und Riedesser (2003) die ideale Art mit Stress und bedrohlichen Situationen umzugehen. Entscheidend sind die Vielzahl, die Flexibilität und die Anpassungsfähigkeit im Gegensatz zur einseitigen Festlegung auf eine Strategie. Bei veränderbaren Situationsfaktoren

---

[1] Das gefühlsexpressive Coping beschreibt den Versuch, die Situation durch das Mitteilen von Gefühlen zu bewältigen (Fischer & Riedesser, 2003).

[2] Im positiven Sinne unterstützt die kognitive Rekonstruktion das Bemühen um ein besseres Verständnis zur Entwicklung angepasster Bewältigungsstrategien. Im negativen Sinne führt es zu Verleugnung und Verzerrung (Lazarus & Folkman, 1984).

könnte eine realistische Wahrnehmung, Bewertung und Lösungsansatz zum Tragen kommen, während bei unabänderlichen Situationen kognitive Neu- und Umbewertungen eingesetzt werden könnten (siehe hierzu Resilienzförderung S. 16).

Neben den verschiedenen potentiellen Bereichen in welche Coping unterteilt wird, wird auch unterschieden inwieweit gewisse Copingstrategien als positiv oder weniger positiv betrachtet werden. Zheng et al. (2012) spricht in diesem Zusammenhang beispielsweise vom "zuwendenden" versus "abwendenden Coping" und Frydenberg (2008) vom "produktiven" versus "nicht-produktiven Coping". Unabhängig von der Bezeichnung unterschiedlicher Autor/innen kann allgemein wie in Tabelle 1 ersichtlich von positiven und negativen Bewältigungsstrategien ausgegangen werden.

Tabelle 1: Positive versus negative Bewältigungsstrategien (Zheng et al., 2012; Frydenberg, 2008)

Positive Bewältigungsstrategien	Negative Bewältigungsstrategien
• Über das Ereignis sprechen	• Alkohol, Medikamente, Drogen, ...
• Akzeptieren des Ereignisses	• Völlige Verdrängung, langfristige Vermeidung
• Problemlösungsansatz	• Extreme Schuldgefühle, Selbstvorwürfe
• Positive kognitive Rekonstruktion	• Leistungsdruck (z.B. Schule, Sport)
• Selbstregulation	• Sozialer Rückzug
• Zielorientiert – Blick nach vorne	• Extreme Verhaltensweisen (z.B. erhöhtes Risikoverhalten, Extremsport, ...)
• Pflegen vorhandener sozialer Kontakte; Suchen sozialer Kontakte	• ...
• Kontakt zu Personen suchen, die ähnliches erlebt haben	
• Angemessene und regelmäßige Bewegung (Stresshormonabbau)	
• Unnötigen Stress (im Alltag) vermeiden	
• Bewusst für sich etwas Gutes tun	
• Zeitpuffer einplanen	
• ...	

Bei negativem Coping steht meist der Ablenkungscharakter im Vordergrund, was auch die Entwicklung von Komorbiditäten, wie beispielsweise Depressionen, Angststörungen oder Suchtmittelmissbrauch beeinflusst. Allerdings kann negatives Coping gleichermaßen auch eine Folge solcher bereits vorhandener Störungsbilder sein (Frydenberg, 2008). Damit wird auch deutlich, dass die Art und Weise welche Copingstrategien bei Krisen angewendet werden, auch Einfluss auf den weiteren Verlauf der Verarbeitung nehmen können. Dadurch wird auch unterstrichen, dass es wesentlich ist, die individuelle Strategien und die dementsprechenden Bedürfnisse der betroffenen Jugendlichen zu beachten und diese im Umgang mit den Jugendlichen miteinzubeziehen.

3 Besondere Aspekte im Jugendalter: Reaktionen, Bewältigungsstrategien und Verlauf der Verarbeitung

Wie bereits erwähnt können die Reaktionen von Betroffenen sehr stark variieren und sind meistens zeitlich begrenzt. Bei Kindern und Jugendlichen haben folgende zwei Faktoren einen großen Einfluss darauf, wie sie auf eine traumatische Krise reagieren und ihre Erlebnisse verarbeiten (Werth, 2012):

(1) Kognitiver und emotionaler Entwicklungstand

(2) Verhaltensweisen aufgrund interner (z.B. Temperament) und externer Ressourcen (z.B. elterliche Sensitivität)

Je nach Alter und Entwicklungsstand haben Kinder völlig unterschiedliche Vorstellungen vom Tod und diese Vorstellungen bestimmen ihre Ängste und Fragen (Webb, 1993). Während im Vorschulalter die Irreversibilität (Endgültigkeit des Todes) im Zentrum steht, haben Kinder im Schulalter die Endgültigkeit zwar begriffen, aber für sie steht die Universalität (Allgemeingültigkeit des Todes) im Zentrum. Jugendliche sind sich wie Erwachsene bereits aller vier Komponenten des Todeskonzeptes (Irreversibilität, Universalität, Unvorhersehbarkeit und Unabwendbarkeit) bewusst, trotzdem beschäftigt sie vor allem die Unvorhersehbarkeit und die Unabwendbarkeit des Todes. Im Jugendalter rücken existenzielle Fragen ins Zentrum und ein Todesfall kann eine tiefe Sinn- oder Identitätskrise auslösen und auch beispielsweise selbstverletzendes Verhalten und/oder Suizidgedanken verstärken (vgl. Witt-Loers, 2013).

In diesem Alter zeigen sich aber auch jugendtypische Eigenheiten in den Reaktionen, z.B. dass Jugendliche nach Notfällen in erhöhtem Maße zu Schuldgefühlen, Desillusionierung und Risikoverhalten tendieren.

Jugendliche beweisen sich ihre Autonomie oft durch das Missachten von Regeln, durch Drogenkonsum oder andere Formen des Risikoverhaltens. Sie versuchen zu demonstrieren, dass sie die Kontrolle über ihr Leben haben und selbst über sich und ihr Leben bestimmen. Risikoverhalten kann als Bestandteil von Ablösung und Identitätsbildung gesehen werden. Je nach Kultur und Kontext variiert die Art und Form des Risikoverhaltens allerdings sehr stark (Bedar, n.d.).

Die von Jugendlichen oft zur Schau gestellte Originalität ist "nicht notwendig ein Zeichen von Lebenssicherheit, sondern ein Versuch, Interventionen abzuwehren und wenigstens äußerlich als selbstständig zu erscheinen" (Baacke, 2003, S. 316). Hier weist Baacke darauf hin, wie wichtig in dieser Situation ein hohes Maß von pädagogischer Intuition und Sensibilität ist, um zu wissen, wann Rückzug angemessen ist und wann es wichtig ist, Hilfe aktiv anzubieten.

Das Verständnis der Besonderheiten im Jugendalter (z.B. Entwicklungsaufgaben, das Gefühl der Einzigartigkeit etc.) ist wichtig, um Reaktionen und Bedürfnisse nach plötzlichen Todesfällen nachvollziehen und verstehen zu können. Die facettenreiche Palette an Reaktionen von Jugendlichen ist unter anderem durch die Besonderheiten in der Entwicklung zu erklären.

Das Jugendalter kann beispielsweise in folgende drei Phasen eingeteilt werden (Steinberg, 1993):

Abbildung 2: Drei Phasen im Jugendalter nach Steinberg (1993).

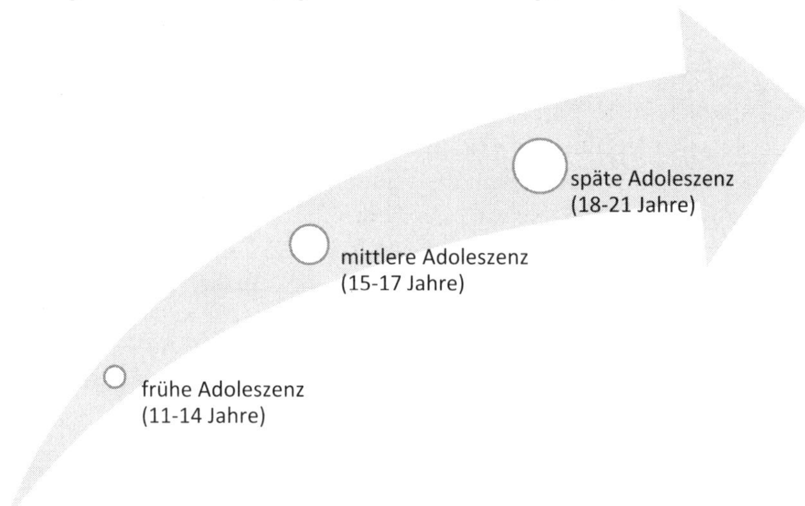

Je nachdem in welcher Phase sich die von Krisen betroffenen Jugendlichen befinden, zeigen sie auch unterschiedliche Reaktionen und Bedürfnisse. Neigen Jugendliche in der frühen Adoleszenz noch eher zu kindlichen Stressreaktionen, weisen Jugendliche in der späten Adoleszenz eher erwachsene Verhaltensweisen auf (Wolf, 2007). Dadurch zeigt sich die Variabilität der Reaktionen im Jugendalter und die Wichtigkeit entwicklungspsychologische Aspekte etwas näher zu betrachten, um ein tieferes Verständnis der Reaktionsbandbreite von Jugendlichen zu erhalten.

Drogenmissbrauch spielt gerade bei Jugendlichen eine wesentliche Rolle und tritt auch infolge einer Traumatisierung als Selbstmedikation (Unterstützung der Abwehr) auf (Steil & Straube, 2002; Brent et. al., 2009; Rheingold et al., 2003).

Ängste, Intrusionen, Alpträume etc. werden anfangs häufig durch Suchtmittelmissbrauch versucht ein stückweit unter Kontrolle zu bringen, was eine große Gefahr der Abhängigkeit mit sich bringt. Außerdem können Drogen die Kontaktaufnahme mit der Umgebung erleichtern, was den Betroffenen ein Gefühl von Handlungs- und Kontrollmöglichkeit (zurück)geben kann (Post et al., 1997 zitiert nach Fischer & Riedesser, 2003). Abgesehen davon, dass verbotene Substanzen ohnehin die Neugier Jugendlicher auf sich ziehen (Landolt, 2004).

Bolton et al. (2000) betonen die Wichtigkeit nach traumatischen Ereignissen den Fokus bei Jugendlichen nicht nur auf die in der Literatur primär vorherrschende Posttraumatische Belastungsstörung, sondern auch auf spezifische Phobien, Trennungsängste, Panikstörungen, Somatisierungsstörungen und schwere Formen von Depressionen zu legen.

Jones (2008) begründet wieso traumatische Erlebnisse für Jugendliche so risikoreich sind wie folgt: Einerseits stört es die soziale und emotionale Entwicklung des Jugendalters und andererseits nimmt es Einfluss auf die im Jugendalter vorgesehene wichtige neuronale Entwicklung (Blakemore, 2008; Burnett et al., 2008; Hardy et al., 2010; Nelson et al., 2005). Denn Reaktionen Jugendlicher auf ein traumatisches Ereignis, wie sozialer Rückzug, Leistungsabfall, zwischenmenschliche Schwierigkeiten etc. können die Lebensqualität und die Zukunftswahrnehmung der Jugendlichen beeinflussen.

Exkurs: Grundannahmen

Allgemein gesprochen, kann eine traumatische Erfahrung grundlegende Überzeugungen eines Menschen über sich selbst und die Welt erschüttern. Janoff-Bulman (1992) spricht von drei wesentlichen Grundannahmen, die jede/r im Laufe seines Lebens, beeinflusst durch Persönlichkeit, Erfahrungen etc. individuell entwickelt. Dies sind Annahmen über uns selbst und die uns umgebende Welt, welche in der Regel unhinterfragt bleiben, allerdings durch eine traumatische Erfahrung plötzlich hinterfragt werden (Fischer & Riedesser, 2003).

Janoff- Bulman (1992) spricht von drei wesentlichen Grundannahmen:

(1) Wohlwollen (Gutartigkeit) der Welt (Benevolence of the world)

(2) Sinn und Bedeutung der Welt (Meaningfulness of the world)

(3) Selbstbild (Worthiness of self)

Grundannahmen werden nach einem traumatischen Erlebnis in Frage gestellt und müssen individuell neu geordnet werden. Als erwachsene Personen ist uns in der Regel bewusst, dass nicht nur alte Menschen sterben, sondern dass es jede/n zu jeder Zeit treffen kann. Nichts desto trotz sind wir aber dennoch davon überzeugt, dass unser Tod noch sehr fern ist. Überzeugungen wie "mir/meiner Familie wird nichts passieren", "die Welt ist ein sicherer, gerechter Ort" oder "ich habe alles unter Kontrolle" stellen eine Schutzfunktion dar, die lebensnotwendig ist. Grundannahmen sind bei jedem Menschen durch viele verschiedene Einflussfaktoren unterschiedlich ausgeprägt. Haben Menschen Grundannahmen, welche auf den jeweiligen Extremen liegen, kann sich deren eigentliche Schutzfunktion zu einem Risikofaktor entwickeln, denn umso leichter geraten sie durch ein einschneidendes Erlebnis aus dem Gleichgewicht (Janoff-Bulman, 1992; Fischer & Riedesser, 2003).

Dysfunktionale oder noch nicht voll ausgeprägte Grundannahmen können möglicherweise bei einer Traumatisierung die Informationsverarbeitung lenken und beeinflussen. Diese Schemata werden im Kindes- und Jugendalter erst entwickelt und herausgebildet, was auch die Entwicklung von Traumafolgestörungen im Kindes- und Jugendalter mit beeinflussen könnte (Steil & Straube, 2002). Das allgemein durch existentielle Fragen geprägte Jugendalter, auf der Suche nach der eigenen Identität, kann durch einen plötzlichen Todesfall die Weltsicht völlig verändern. Es werden beispielsweise bisherige Einstellungen zum Leben, der Lebenssinn und der Selbstwert in Frage gestellt sowie das Urvertrauen in die Welt zerstört (vgl. Witt-Loers, 2013).

V Trauer

1 Einleitung

Es finden sich sehr viele Überschneidungen zwischen traumatischen Stressreaktionen und Trauerreaktionen. Im Gegensatz zu Stressreaktionen hat Trauer prinzipiell mit einem Verlusterlebnis zu tun (z.B. Lindemann, 1994; vgl. Frears & Schneider, 1981). Wie aus Bowlbys Bindungstheorie ableitbar, könnten biologische Gründe ausschlaggebend sein, dass eine Trennung automatisch und instinktiv zu heftigen Verhaltensweisen, d.h. Trauerreaktionen, führt. Trotz dieser Universalität von instinktiven Verhaltensweisen gibt es nicht "die eine normale Trauerreaktion", sondern jeweils sehr individuelle und stark unterschiedliche Trauerreaktionen.

Stroebe, Schut und Finkenauer (2001) unterscheiden hinsichtlich Trauer und Trauma drei Kategorien:

(1) Trauma ohne Trauer

Die Person weist Stressreaktionen auf ein traumatisches Ereignis auf, ohne Trauerreaktionen zu zeigen. Dies lässt darauf schließen, dass z.B. aufgrund des traumatischen Ereignisses kein Verlusterlebnis wahrgenommen wurde und dadurch keine Trauerreaktion ausgelöst wurde (z.B. man wird Zeuge/in eines Verkehrsunfalls fremder Personen).

(2) Trauer ohne Trauma

Jemand trauert um eine/n Verstorbene/n ohne traumatische Stressreaktionen aufzuweisen (z.B. man erhält die Todesnachricht einer nahestehenden Person durch die Exekutive).

(3) Traumatische Trauer

Aufgrund der Todesumstände (z.B. man wird zum Unfalllenker, wodurch eine nahestehende Person verstirbt) zeigt der/die Hinterbliebene Trauer- und auch traumatische Stressreaktionen. Kinder können beispielsweise auch ohne das Ereignis selbst erlebt/bezeugt zu haben, durch ihre Fantasien (z.B. wie der Verstorbene ums Leben gekommen ist) Stressreaktionen entwickeln, die den adaptiven Trauerprozess stören können (vgl. Kaplow et al., 2012).

Trauer kann wie alle anderen Emotionen auch, als ein komplexes Phänomen angesehen werden, das sich aus verschiedenen Elementen zusammensetzt, wie beispielsweise der auslösenden Situation (z.B. Tod), der kognitiven Bewertung, dem subjektiven Erleben, der physiologischen Veränderung (z.B. Herzrasen), dem Ausdruck (z.B. weinen) und dem Bewältigungsversuch (Interaktiver, intrapsychischer oder durch Handlung versuchter Regulierungsprozess) (Bänninger-Huber & Widmer, 1996, 1997).

Trauer wird in der Regel auf verschiedenen Ebenen gezeigt, auf psychischer, physischer und/oder Verhaltensebene (z.B. Juen, 2012; Lindemann, 1994; Horwarth, 2011).

Trauer beinhaltet damit ein Erleben (Gefühl), bestimmte Verhaltensweisen (Trauerreaktionen) und einen Prozess der Verlustbewältigung (Juen, 2012; Lindemann, 1994) und kann von Geschlecht, Alter, Kultur und gesellschaftlichen Normen beeinflusst werden (vgl. Horwarth, 2011; Kalpow et al., 2012; Parkes, 2002).

Neben den verschiedenen Ebenen auf denen Trauer gezeigt werden kann, wird auch von der Anpassungsleistung des/der Trauerenden an die neue Situation gesprochen.

"Wird Trauer als Erfahrung nach einem schmerzlichen, persönlichen Verlust definiert, ist der Trauerprozess die Entwicklung, die man infolge dieser Erfahrung durchläuft, um sich dann Stück für Stück an den Verlust anzupassen" (Worden, 2011, S. 42).

Es gibt eine Vielzahl verschiedener Trauermodelle, wobei der Grundgedanke vorherrscht, dass gewisse Aufgaben erfüllt (z.B. Worden, 2011) oder Phasen (z.B. Phasenmodelle von Spiegel, Bowlby, Kast, Shuchter und Zisook) durchlebt werden müssen. Eines der bekanntesten Phasenmodelle wurde von Elisabeth Kübler-Ross entwickelt. Sie beschreibt fünf Phasen der Trauer (Kübler-Ross & Kessler, 2005): (1) Verleugnung, (2) Wut, (3) Verhandeln, (4) Depression und (5) Akzeptanz.

Im Laufe der Zeit haben sich Trauermodelle dahingehend verändert, als dass man nicht mehr von einer gewissen Abfolge von Phasen oder Aufgaben spricht, sondern einen dynamischen Blick auf den Trauerprozess eingenommen hat (z.B. Worden, 2011).

Einige Modelle beziehen sich auf die Aufrechterhaltung von Bindungen (continuing bonds) (z.B. Klass et al., 1996). Dabei steht im Vordergrund, dass durch den Tod eines Menschen die Beziehung bzw. Verbindung zum/zur Verstorbenen nicht abgebrochen wird, sondern auch nach dem Tod noch weiter aufrechterhalten wird. Neimeyer und Kollegen (2006) beschreiben, dass kurze Zeit nach dem Tod des Ehemannes eine erhöhte negative Stimmung der Witwen verzeichnet wurden, längere Zeit nach dem Tod jedoch positive Effekte bei einer Beibehaltung der Bindung zum Verstorbenen.

Die Anpassung an einen persönlichen Verlust kann als ein Entwicklungsprozess angesehen werden, welcher durch die aktive Bewältigung von verschiedenen Aufgaben gekennzeichnet ist.

Worden (2011) spricht von vier Traueraufgaben, denen sich eine trauernde Person stellen muss:

(1) Den Verlust als Realität akzeptieren

(2) Den Trauerschmerz verarbeiten

(3) Sich an eine Welt ohne die verstorbene Person anpassen (extern/intern, spirituell)

(4) Eine dauerhafte Verbindung zur verstorbenen Person inmitten des Aufbruchs in ein neues Leben finden

Die Sichtweise von Traueraufgaben beinhaltet einen aktiven Aspekt von Trauer und wird dem passiven Charakter von Trauerphasen daher oft vorgezogen (Metz, 2011). Die Traueraufgaben beginnen bereits unmittelbar nach dem Verlust und ziehen sich durch die ersten Monate und Jahre der Trauer (Juen, 2012; Worden, 2011; Lindemann, 1994). Sie sind nicht ein linearer, sondern vielmehr ein dynamischen Bewältigungsprozess. Kinder müssen sich auch mit diesen Traueraufgaben auseinandersetzen, allerdings ist dies ein langwieriger Prozess, da sich bestimmte Aufgaben auf jeder Entwicklungsstufe neu stellen. Jede Entwicklungsstufe bietet ein neues Verständnis und neue Möglichkeiten der Trauer. Dies bedeutet nun nicht, dass sich ein Kind bis ins Erwachsenenalter kontinuierlich in der Trauer befindet, sondern das Verlusterlebnis kann in den verschiedenen Entwicklungsstufen wieder zum Thema werden und dabei auch unterschiedliche Fragen aufwerfen (vgl. Ratnarajah & Schofield, 2007; Kaplow et al., 2012).

Wie bereits zu traumatischen Stressreaktionen beschrieben, ist der normale Verarbeitungsprozess "...ein Wechselspiel von Zulassen der Erinnerung und kontrollierender Abwehr oder Kompensation..." (Fischer & Riedesser, 2003, S. 63). Es geht darum eine Balance zwischen Konfrontation und Vermeidung herzustellen.

Dieses Modell des "Wechselns" kann auch auf die Traueraufgaben nach Worden (2011) hinsichtlich Verlust vs. Neuorientierung angewandt werden (vgl.

Stroebe und Schut, 1999). Dieses "Wechseln" der Trauernden zwischen den Dimensionen Verlust und Neuorientierung ist grundlegend für den Trauerprozess (Worden, 2011).

Der Trauerprozess kann von verschiedenen Faktoren beeinflusst werden, was auch die Individualität und Einzigartigkeit von Trauer erklären lässt. In Tabelle 2 sind einige solcher Einflussfaktoren dargestellt.

Tabelle 2: Verschiedene potentielle Einflussfaktoren (Worden, 2011; Bowlby, 1983; Karutz & Lasogga, 2008; Pynoos et al., 1995).

Einflussfaktoren
• Wer ist gestorben? Identität und Rolle der verstorbenen Person?
• Welche Art von Bindung bestand? (Stärke/Sicherheit, ambivalent/konfliktreich, abhängig)
• Wie ist die Person verstorben: Todesursache, räumliche Nähe, Plötzlichkeit, Trauma und Gewalt
• Frühere Erfahrungen (vorherige Verluste, bisherige psychische Gesundheit, psychologische Vorbelastungen, ...)
• Persönlichkeitsvariablen: Alter, Geschlecht, kognitiver und emotionaler Entwicklungsstand (Todesvorstellung), Bewältigungsstil, Bindungsstil, Denkstil, Selbst- und Weltbild, Persönlichkeitscharakteristika (Extra- oder Intraversion, emotionale Stabilität, Durchsetzungsfähigkeit, ...)
• Soziale Variablen (Verfügbarkeit von Unterstützung, Familie, Freundschaften, kulturelle- und religiöse Normen, ...)
• Gleichzeitig auftretende Belastungen (lebensverändernde Ereignisse)

Als ein wichtiger Schutzfaktor im Jugendalter können die Beziehungen zu Gleichaltrigen (die Unterstützung aus der Peergroup) gesehen werden (vgl. Dopp & Cain, 2012). Jedoch muss gleichzeitig berücksichtigt werden, dass Trauer die Beziehung zu Peers auch beeinträchtigen kann (vgl. Dopp & Cain, 2012), insbesondere, wenn nur ein einzelnes Kind bzw. Jugendliche/r von der Trauer bzw. dem Verlust betroffen ist und nicht eine Gruppe von Jugendlichen.

2 Komplizierte oder pathologische Trauer

Worden (2011) spricht bei gravierender Intensität und Dauer von "komplizierter Trauer", welche im Gegensatz zur "normalen Trauer" einen schwierigen Trauerprozess beinhaltet und einer psychologischen Aufmerksamkeit bedarf. Metz (2011) verweist darauf, dass frühestens ab 13 Monaten nach dem Verlust von einer "komplizierten Trauer" gesprochen werden kann. Cohen et al. (2006) erwähnen, dass es sich dabei um Fälle handelt, die objektiv betrachtet nicht unbedingt ein Traumatisierungspotential darstellen. Wohingegen "traumatische

Trauer" vor allem durch traumatische Erlebnisse geprägt ist und ab einem Zeitrahmen von sechs Monaten nach dem Verlust gestellt werden kann (Metz, 2011).

In der Literatur werden verschiedenste Bezeichnungen verwendet, um die "komplizierte Trauer" zu beschreiben. So wird von pathologischer (Horowitz et al., 1993), unbewältigter oder abnormer (Pasnau et al., 1987), atypischer (Jacobs & Douglas, 1979), verlängerter (Lieberman & Jacobs, 1987), chronischer, verzögerter (Lindemann, 1985) oder übertriebener Trauer (Worden, 2011) gesprochen.

Znoij (2006) stellt normale und pathologische Trauer wie folgt gegenüber:

Tabelle 3: Normale vs. Pathologische Trauer (nach Znoij, 2006)

Normale Trauer	**Pathologische Trauer**
Allmähliche Anpassung an die neue Realität	Keine Anpassung an die neue Realität
Heftige emotionale Reaktionen	Selbstschädigung, komorbide Störungen
Keine dauerhaften physischen Probleme	Länger andauernde Gesundheitsprobleme
Kurzzeitiger sozialer Rückzug	Länger andauernde soziale Isolation

Eine klare Trennung zwischen "normaler" und "pathologischer" Trauer ist generell schwer zu vollziehen, denn pathologische Trauersymptome sind auch bei einem normalen Trauerverlauf zu finden. Jede Trauer ist individuell und von vielen verschiedenen Einflussfaktoren bestimmt, wodurch beispielsweise ein pathogenes Erscheinungsbild durch die Berücksichtigung der speziellen Einflussfaktoren als angemessen einzustufen ist. Beim Versuch "normale" von "pathologischer" Trauer zu trennen, müssen neben den Einflussfaktoren, auch Quantität, Qualität, Dauer und vor allem das subjektive Wohlbefinden mitberücksichtigt werden.

VI Der plötzliche Todesfall im schulischen Kontext

1 Einleitung

Die Darstellungen in diesem Handbuch basieren auf dem Dissertationsprojekt "Der plötzliche Todesfall im schulischen Kontext" (Warger, 2014). Die zentrale Frage war:

> Welche Bedürfnisse und Reaktionen zeigen Jugendliche, Eltern, Lehrer/innen und die Schulleitung nach dem plötzlichen Todesfalls eines/r jugendlichen Schülers/Schülerin und welche psychosozialen Interventionsformen machen in diesem Kontext Sinn?

Die Untersuchung zur Beantwortung dieser grundlegenden Fragestellung basiert auf folgenden drei Säulen:

(1) **Ergebnisse aus Fokusgruppendiskussionen** zum Thema "Krisenintervention in der Schule"

Es wurde eine Gruppe von Expert/innen gebildet, welche unterschiedliche Perspektiven auf Krisenintervention an Schulen repräsentieren. Die Gruppe bestand dabei aus Psycholog/innen mit den Schwerpunkten Entwicklungspsychologie, Psychotraumatologie sowie praktischen Erfahrungen im Bereich der Krisenintervention an Schulen. Außerdem waren Vertreter/innen der Polizei, der Gewerkschaft, des Österreichischen Roten Kreuzes und der Schulpsychologie Teil der Gruppe, um möglichst verschiedene Perspektiven in die Diskussionen einbringen zu können.

Die Datenerhebung basiert auf mehreren Treffen dieser Gruppe im Laufe eines Jahres, an welchen die Ergebnisse der vorausgegangenen Treffen stets die Grundlage der Diskussion der nachfolgenden Treffen darstellten, auch mit dem Ziel am Ende die Ergebnisse in Form einer Handmappe mit Checklisten und einer Homepage zum Thema "Krisenintervention in Schulen" darstellen zu können (siehe dazu: Webbasierte Handmappe für Lehrkräfte. Krisenintervention in Schulen (Juen et al., 2009).

(2) **Ergebnisse von Expert/innen Interviews**

Die zweite Ergebnissäule stellen Expert/innen-Interviews mit Fachpersonen aus dem gesamten deutschsprachigen Raum (Deutschland, Österreich, Schweiz) dar. Sie dienen dazu regionale Unterschiede bzw. vor allem auch gut funktionierende

Gemeinsamkeiten hinsichtlich Herangehensweisen, Praxiserfahrungen und Fachwissen herauszuarbeiten um die Ergebnisse der Fokusgruppendiskussionen und den Fallinterviews zu ergänzen.

(3) **Ergebnisse von konkreten Fallinterviews**

Durch die Befragung von beteiligten Schüler/innen, Lehrpersonen, Eltern, der Schulleitung und externen Helfer/innen wurden verschiedene Fälle, bei denen Jugendliche in oder auf dem Weg zur Schule, am Wochenende oder im Rahmen einer Schulveranstaltung verstorben sind, aus den verschiedensten Perspektiven beleuchtet und analysiert.

Die jeweiligen Ergebnisse wurden transkribiert und mittels qualitativer Inhaltsanalyse nach Mayring (2008) und der Grounded Theory (Glaser & Strauss, 1967) ausgewertet und analysiert.

Die nächsten Kapitel geben Einblick in die grundlegenden Ergebnisse und Erkenntnisse aus dem Projekt "Der plötzliche Todesfall im schulischen Kontext" (Warger, 2014).

2 Einflussfaktoren auf Reaktionen und Bedürfnisse der Betroffenen im System Schule

Die Ergebnisse aus der Untersuchung von Warger (2014) zeigen auf, dass verschiedene Ereignistypen (z.B. plötzliches Versterben außerhalb der Schule, plötzliches Versterben innerhalb der Schule, unterschiedliche Todesursachen,...) Einfluss auf die jeweiligen zentralen Reaktionen und Bedürfnisse auf den verschiedenen Ebenen des Systems Schule (Schüler/innen, Lehrpersonen, Eltern, Schulleitung) haben können.

Der Umstand, ob sich ein Todesfall im Rahmen einer Schulveranstaltung, auf dem Schulweg oder in der Freizeit ereignet, beeinflusst den Interventionsbedarf von Seiten der Schule. Bei Todesfällen im Rahmen einer Schulveranstaltung nimmt beispielsweise die eigene Betroffenheit der Lehrpersonen und der Schulleitung einen besonderen Stellenwert ein und ist neben dem großen Zeitdruck bei der Planung erster Interventionen zu berücksichtigen. Es kommt hierbei der Aspekt der Aufsichtspflicht, der Aspekt rechtlicher Konsequenzen und auch die Wahrnehmung oder das Hinterfragen der Lehrer/innenrolle mit ins Spiel, was verstärkt zu Schuldzuweisungen, aber auch zu großer Unsicherheit und Betroffenheit vor allem beim Lehrpersonal führen kann. Nicht zu unterschätzen sind zudem Belastungen polizeilicher Befragungen sowie potentielle Vorwürfe bzw. Schuldzuweisungen von Seiten der betroffenen Familie.

Es zeigt sich auch, dass die Todesursache (z.B. plötzliches Organversagen oder Verkehrsunfall) sowie die Umstände (z.B. mit oder ohne Schüler/innenbeteiligung) sich unterschiedlich auf die Reaktionen und Bedürfnisse der Personen sowie auf die erforderlichen Interventionsformen auswirken. Ein Todesfall eines/r Schülers/Schülerin durch Erkrankung (wie beispielsweise durch plötzliches Organversagen) kann aufgrund der nach außen nicht sichtbaren Ursachen bzw. Verletzungen eine besondere Herausforderung darstellen, da dies zu großer Verunsicherung und der Angst "kann mir das auch passieren?" bei den Jugendlichen führen kann. Hier fließt stark der Wunsch der Kontrollierbarkeit mit ein und die Illusion zu glauben, dass einem selbst beispielsweise ein Mopedunfall nicht passieren könnte, weil man ja ein/e sehr vorsichtige/r Fahrer/in ist, aber ein plötzliches Organversagen ist eine nach außen nicht erkennbare Gefahr.

Handelt es sich beispielsweise um eine vom Menschen verursachte Todesfolge (wie z.B. durch Gewalteinwirkung, durch Waffengebrauch etc.) greift dies unsere grundlegenden Überzeugungen über die Gutartigkeit der Welt und unser Menschenbild an (siehe Grundannahmen nach Janoff-Bulman S. 30). Was wiederum zu großer Verunsicherung und Sprachlosigkeit führen kann. Bei solchen Todesumständen ist der Schule eine psychologische Begleitung anzuraten.

Im Jugendalter kommt es nicht selten auch zu Suizidfällen. Besonderheiten der suizidalen Entwicklung im Jugendalter sind beispielsweise, dass sich der Suizid(versuch) oft aus einer akuten Krise heraus (ohne Vorgeschichte) entwickeln kann, dass Gleichaltrige oft in die Suizidgedanken und Phantasien mit eingebunden werden, dass eine große Gefahr der Nachahmung besteht (der sogenannte "Werther-Effekt") und auch dass es sich um eine verschwimmende Grenze von Suizidalität und Risikoverhalten handeln kann. Dies unterstreicht die Wichtigkeit aufgrund gruppendynamischer Prozesse, Schuldzuweisungen und der hohen Nachahmungsgefahr als Schule psychologische Fachpersonen zu Rate zu ziehen um diese Krisensituation bestmöglich bewältigen zu können.

Nicht nur die bisher genannten Faktoren (wie z.B. Todesursache) haben Einfluss auf Bedürfnisse und erforderliche Interventionsformen, sondern auch innerschulische und externe Ressourcen, schul- und Klassenklima, subjektive Bewältigungsmöglichkeiten und viele weitere Faktoren.

Je nach Todesfall, je nach vorhandener Ressourcen, je nach Schul- und Klassenklima, je nach Bewältigungsmöglichkeiten oder Vorerfahrungen des/der Einzelnen, stehen unterschiedliche Reaktionen und Bedürfnisse im Zentrum einer psychosozialen Betreuung.

Die erforderlichen Interventionsformen nach einem Todesfall eines/r Schülers/Schülerin werden einerseits durch die Todesumstände (objektive Situationsfaktoren), durch die subjektiven Bewältigungsmöglichkeiten jedes/r Einzelnen, aber auch durch das Vorhandensein von verlässlichen innerschulischen Ressourcen beeinflusst. Beispielsweise hat das allgemeine Schul- bzw. Klassenklima vor einem Todesfall einen wesentlichen Einfluss auf den Umgang der Beteiligten in der Situation selbst. Für das Lehr- und gesamte Schulpersonal gilt dasselbe. Je besser die Zusammenarbeit und ein Zusammenhalt vor dem Ereignis vom Schulpersonal wahrgenommen wird, desto mehr wird über Unterstützung, Verbundenheit und Entlastung in der Situation und über eine gestärkte Krisenkompetenz nach einem solchen Ereignis berichtet.

Abgeleitet aus bestehender Literatur und den Ergebnissen des Dissertationsprojekts (Warger, 2014) kann davon ausgegangen werden, dass je nachdem wie das Klassen- und Schulklima vor einem solchen einschneidenden Ereignis, wie dem Versterben eines/r Schülers/Schülerin, war, es mehr oder weniger durch den Todesfall zu einem Zusammenrücken der Klassen-, Lehrer/innen und/oder Schulgemeinschaft kommen kann. Wenn ein soziales System wie die Schule von einem Krisenereignis erschüttert wird, können zudem auch alte Konflikte wieder aufbrechen (Schefold, 2008).

Der Umgang mit Konflikten hat sich laut Eder (1996) als große Einflussvariable hinsichtlich der Wahrnehmung des Klimas durch die Schüler/innen herausgestellt. Somit kann auch der Umgang mit schwierigen Situationen, wie dem Todesfall eines/r Schülers/Schülerin und/oder den darauffolgenden konfliktreichen Reaktionen, das Klassen- bzw. das Schulklima beeinflussen. So kann ein adäquater Umgang mit betroffenen Schüler/innen den Gemeinschaftssinn, das Gefühl von emotionaler Nähe sowie eine vertrauensvolle Atmosphäre des gegenseitigen Verständnisses und der sozialen Unterstützung fördern und dadurch das Klassen- bzw. Schulklima verbessern.

Neben diesen eben dargestellten Einflussfaktoren gibt es auch noch viele weitere, die in einem System wie der Schule unterschiedlichste Reaktionen und besondere Bedürfnisse hervorrufen können. Wesentlich für eine adäquate psychosoziale Unterstützung ist die Fähigkeit zentrale Reaktionen und Bedürfnisse der Betroffenen zu erkennen um angemessen agieren zu können.

Im Folgenden wird daher auf verschiedene schulische Perspektiven, wie die der Schulleitung, der Lehrpersonen, der jugendlichen Schüler/innen und der Eltern, eingegangen und deren zentrale Reaktionsweisen und Bedürfnisse besprochen.

VII Verschiedene Perspektiven: Reaktionen und Bedürfnisse

1 Die Perspektive der Schulleitung

Im System Schule herrschen wie bereits erwähnt klare Regeln, Hierarchien und Rollenbilder, wobei beispielsweise die Aufgabe der Schulleitung in der Leitung des gesamten Systems liegt. Die Hauptverantwortung trägt somit besonders in Krisensituationen die Schulleitung und daher nimmt sie beim plötzlichen Versterben eines/r Schülers/Schülerin eine wichtige Schlüsselfunktion ein. Sie ist schlussendlich diejenige Person welche Entscheidungen (z.B. Hinzuziehen schulexterner Helfer/innen ja oder nein etc.) zu treffen hat. Man könnte hier auch von einem/r sogenannten Krisenmanager/in sprechen, bei dem/der alle Informationen und Fäden zusammenlaufen um Ressourcen und Interventionen zu strukturieren und zu koordinieren. Die große Bedeutung einer solchen Koordinierungs- bzw. Führungsperson wird auch in allgemeinen Richtlinien/Leitlinien psychosozialer Unterstützung für komplexe Betreuungs- und Schadenslagen immer wieder ersichtlich, wie z.B. im Sphere Handbook (Sphere Project, 2004), den IASC Guidelines (IASC, 2007) oder den NATO-TENTS Guidelines (Williams et al., 2009)].

Die persönlichen und von außen wahrgenommenen Erwartungen an die eigene Rolle und Funktion als Schulleitung nimmt in solchen Krisensituationen einen wesentlichen Einfluss auf vordergründige Reaktionen und primäre Bedürfnisse von Seiten der Schulleitung.

1.1 Potentielle Reaktionen und Bedürfnisse der Schulleitung

Es wird deutlich, dass die Schulleitung in der Regel trotz erstem Schock in solchen Situationen handlungsfähig bleibt und ihrer Aufgabe/ihrer Rolle im System gerecht werden will. Grundsätzlich kann ein Coaching durch Fachleute im Strukturieren, Koordinieren und im Planen nächster Schritte eine große Stütze für die Leitungsperson darstellen.

In der Leitungsfunktion ist es sehr wichtig schnellstmöglich einen Überblick über die Situation zu bekommen. Der Zeit- und Handlungsdruck ist in solchen Situationen nicht zu unterschätzen. Bei einem kleinen Zeitfenster zwischen dem Ereignis und Schulbeginn, wie beispielsweise bei einem tödlichen Verkehrsunfall auf dem Weg zur Schule, müssen schnelle Entscheidungen getroffen werden. Zusätzlich kommt die Frage ins Spiel, gab es möglicherweise Schüler/innen, die zu Zeug/innen des Unfalls wurden? In solchen Fällen benötigt die Schulleitung so schnell als möglich gesicherte Informationen über das Ereignis und speziell bei Todesfällen mit Schüler/innenbeteiligung einen Überblick darüber, welche Schüler/innen vor Ort waren, um alle weiteren Schritte in die Wege leiten zu können.

Wann, wo, wie, wer zu Tode gekommen ist, unter welchen Umständen und Rahmenbedingungen nimmt einen wesentlichen Einfluss auf die zentralen Bedürfnisse im System Schule. Todesfälle innerhalb der Schule oder im Rahmen einer Schulveranstaltung können dabei als besonders belastend eingestuft werden. Neben der Tatsache, dass es unter Aufsichtspflicht einen Todesfall gab, steht die Schulleitung unter enormen Handlungs-, Entscheidungs- und Zeitdruck. Bei Ereignissen innerhalb der Schule oder im Zuge von Schulausflügen, Schulskitagen oder Ähnlichem kommt nicht nur Druck von Seiten der Schulbehörde auf die Schulleitung zu, sondern auch von Seiten des verunsicherten Lehrpersonals und der Eltern der gesamten Schule sowie ein nicht zu unterschätzender Druck von Seiten der Medien. Als Einzelperson wird es in solchen Krisensituationen fast unmöglich all den Koordinierungs- und Strukturierungsaufgaben gerecht zu werden. Die Schulleitung bedarf hier ein Team an ihrer Seite um zu delegieren und den Überblick über die Situation bewahren zu können (siehe hierzu das Kapitel Krisenteams an Schulen, S. 75) (vgl. Centre for Mental Health in Schools at UCLA, 2008).

Auch mittel- und längerfristig kann die zentrale Aufgabe der Schulleitung darin gesehen werden als Dreh- und Angelpunkt zu fungieren und bei Bedarf weiterzuvermitteln und/oder Fachpersonen hinzuzuziehen.

Auf der folgenden Seite finden Sie als Übersicht die Zusammenfassung der eben dargestellten Kernthemen aus Perspektive der Schulleitung.

Schulleitung

Wie können Sie die Schulleitung bei Todesfällen im Kontext Schule unterstützen?

Für eine bestmögliche Unterstützung ist das Kennen und Verstehen potentieller Reaktionen und Bedürfnisse sehr wichtig.

Potentielle Reaktionen der Schulleitung

⇨ Die Schulleitung reagiert in solchen Situationen sehr unterschiedlich, in der Regel treten Stressreaktionen auf, wie beispielsweise Wahrnehmungsverzerrungen, körperliche Stressreaktionen, …

⇨ Nach einem ersten Schock ist die Schulleitung aber in der Regel relativ schnell wieder handlungsfähig und kann ihren Aufgaben und ihrer Rolle gerecht werden. Sie trägt die Einsatzleitung bzw. die Hauptverantwortung und muss den Überblick wahren sowie die Koordination übernehmen.

⇨ In den ersten Stunden, Tagen "funktioniert man irgendwie", erst später treten eigene Bedürfnisse in den Vordergrund. Es ist wichtig auf kurze Ruhephasen zu achten.

⇨ Zu beachten ist, dass bei schulinternen Unfällen bzw. bei Todesfällen im Rahmen von Schulveranstaltungen die eigene Betroffenheit besonders groß sein kann.

⇨ Das Zeigen eigener Betroffenheit und Trauerreaktionen, aber trotz allem Ruhe und Handlungsfähigkeit zu vermitteln ist eine zentrale Herausforderung von Seiten der Schulleitung.

Bedürfnisse von Seiten der Schulleitung

⇨ Innerhalb kürzester Zeit braucht die Schulleitung eine Übersicht über die Situation und konkret vorhandener Ressourcen.

⇨ Ein Coaching durch Fachpersonen wird in solchen Situationen von der Schulleitung in der Regel als sehr positiv wahrgenommen. Eine Unterstützung beim

- » Planen erster Schritte, wie das Regeln des Informationsflusses
- » Erkennen & Aktivieren von Ressourcen
- » Planen erster psychosozialer Interventionen

⇨ Wichtig für die Schulleitung in Krisensituationen ist das Gefühl als Team zu fungieren. Auch die Unterstützung auf höherer Ebene, wie beispielsweise dem Schulamt, ist von großer Bedeutung.

⇨ Mittel- und Langfristig braucht die Schulleitung Informationen darüber, welche Anlauf- bzw. Beratungsstellen in ihrem Umfeld für welche Problemstellungen zuständig sind, um eine bestmögliche Weitervermittlung garantieren zu können.

⇨ Auch die eigene Psychohygiene der Schulleitung sollte nicht vernachlässigt werden.

2 Die Perspektive des Lehrpersonals

Lehrpersonen haben schon lange nicht mehr nur die reine Funktion des/der Stoffvermittlers/in, sondern ebenso die Funktion Bildung und soziale Kompetenzen zu vermitteln. In unserer Entwicklung erleben wir zuerst die Welt über unsere Familie und später entstehen über die pädagogischen Institutionen geregelte Freundschaften und Orientierungsmuster (Baacke, 2003).

Lehrpersonen sind durch ihre Position vielfältigen Erwartungen ausgesetzt (Franz, 1986). Ihr Verhalten in Krisensituationen ist von großer Bedeutung (Karutz & Lassoga, 2008). Besonders bei Kindern und jüngeren Jugendlichen ist die Bewertung und Wahrnehmung eines Ereignisses sehr geprägt von den Reaktionen naher Bezugspersonen (Eltern, Lehrpersonen, Peers etc). Anhand ihrer Reaktionen werden Situationen interpretiert und als bedrohlich oder nicht bedrohlich angesehen. Bezugspersonen dienen auch im Umgang mit traumatischen Situationen als Vorbild- und Modellfunktion und das eben nicht nur bei funktionalen, sondern auch bei dysfunktionalen Bewältigungsversuchen (Steil & Straube, 2002). Erwachsene Bezugspersonen dienen als wichtige Ansprechpersonen und sollten gegenüber den Kindern und Jugendlichen vor allem Respekt und Anerkennung sowie Offenheit in den Gesprächen zeigen (Wustmann, 2004). Jugendliche reagieren häufig mit Rückzug gegenüber Erwachsenen, dennoch brauchen sie den Rückhalt und das Gesprächsangebot unabhängig davon, ob sie es in Anspruch nehmen oder nicht. Lehrpersonen können in belastenden Situationen für Schüler/innen eine wichtige Unterstützung darstellen, indem sie sie darin unterstützen, ihre persönlichen Ressourcen zu nutzen und indem sie versuchen für die Schüler/innen eine vertrauensvolle Atmosphäre zu schaffen.

Die große Herausforderung des Schulpersonals liegt darin, unterschiedliche Bedürfnisse zu erkennen und adäquat zu reagieren. Bei der Unterstützung von Schulklassen gilt es beispielsweise zwischen Kollektiv- und Individualbedürfnissen zu unterscheiden bzw. sie unterscheiden zu können um demensprechend unterstützen zu können. Wie im Kapitel Trauma (S.23-33) ersichtlich, sind Reaktionen nach einem traumatischen Ereignis sehr unterschiedlich und individuell. Kendall (2004) beispielsweise teilt die Reaktionen von einzelnen Schüler/innen auf einer 7-stufigen Skala von völliger Übererregtheit (Panisch, wütend, hysterisch, starkes schwitzen, schnelle Atmung, ...) bis hin zu völliger Apathie (kaum ansprechbar, langsame Bewegungen, gefühllos, ...) ein. Als

Lehrperson gilt es in der Krisensituation solch stark unterschiedlichen Reaktionen und daraus resultierenden Bedürfnissen in der Klasse gerecht zu werden. Mittel- bzw. Längerfristig geht es darum Risiken zu erkennen und bei Bedarf Schüler/innen an entsprechende Anlaufstellen weiterzuvermitteln.

Um das Lehrpersonal in solchen Situationen bestmöglich zu unterstützen ist das Kennen potentieller Reaktionen und zentraler Bedürfnisse sehr wichtig.

2.1 Potentielle Reaktionen und Bedürfnisse des Lehrpersonals

Es wird deutlich, dass in der Regel auch das Lehrpersonal (wie die Schulleitung) nach einem ersten Schock prinzipiell wieder handlungsfähig ist. Auch für Lehrpersonen liegt in solchen Situationen grundsätzlich das Bedürfnis im Vordergrund, ihrer Rolle und ihren Aufgaben gerecht werden zu können. Eines der Hauptanliegen des Lehrpersonals ist es daher so schnell als möglich Informationen zum Ereignis und vor allem zum Umgang mit den Schüler/innen zu erhalten.

Je nach Rahmenbedingungen, Todesumstände und zeitliche Nähe zum Unterricht können für das Lehrpersonal unterschiedliche Bedürfnisse in den Vordergrund rücken.

Bei Todesfällen außerhalb der Schule beispielsweise sind Lehrpersonen relativ schnell mit sehr vielen Gerüchten konfrontiert. Daher ist ein möglichst kontinuierlicher, einheitlicher Wissensstand über "abgesicherte" Informationen innerhalb des Lehrer/innenkollegiums sehr wichtig. Dabei geht es nicht darum Gerüchte völlig auszuschließen, was ein unmögliches Unterfangen darstellen würde. Eine einheitliche Informationsweitergabe von Seiten der Schule ermöglicht einen adäquaten Umgang mit der Gerüchteküche.

Im Unterschied zu Todesursachen mit sichtbaren Verletzungen (z.B. bei Verkehrsunfällen) haben Lehrpersonen bei Todesfällen ohne sichtbare Verletzungen oder ohne im Vorfeld erkennbare Symptome möglicherweise größere Schwierigkeiten im Beantworten von Fragen der Schüler/innen. Beim Todesfall eines/r Schülers/Schülerin, beispielsweise durch plötzliches Organversagen, steht für Jugendliche vor allem folgende Frage im Zentrum: "Wie kann ein so junger Mensch einfach plötzlich umfallen und sterben?" Dies greift einerseits die Illusion der Kontrollierbarkeit von Ereignissen an, andererseits steckt darin ein noch größeres Potenzial an Identifikation mit dem/der Verstorbenen, als bei anderen Todesursachen.

In solchen Situationen kann es hilfreich sein, einen/e Experten/in (z.B. Arzt/Ärztin) als Gast einzuladen, um gezielt auf die Fragen der Schüler/innen eingehen zu können.

Die wohl größte Herausforderung für Lehrpersonal und Schulleitung ist ein Todesfall im Rahmen einer Schulveranstaltung. Bei Ereignissen innerhalb der Schule, im Zuge von Lehrausflügen, Schulskitagen oder Ähnlichem sind nicht nur die direkt beteiligten Lehrpersonen sehr stark betroffen, sondern in der Regel auch alle anderen Lehrpersonen, da sofort der Aspekt der Verantwortung als Aufsichtsperson im Raum steht und für jede Lehrperson eine Identifizierung mit der direkt betroffenen Lehrperson entsteht. Neben dem Verlust eines/r Schülers/Schülerin und meist vorherrschenden Schuldgefühlen ist man als direkt betroffene Lehrperson mit potentiellen Vorwürfen von Seiten der trauernden Familie, mit einem Untersuchungsverfahren hinsichtlich "Fahrlässiger Tötung", mit drohendem Verlust der Arbeitsstelle, mit Gerüchten und Blicken aus der Bevölkerung sowie mit meist realitätsfernen Medienberichten konfrontiert. Bei Todesfällen unter Aufsichtspflicht gilt es ein besonderes Auge auf die direkt betroffene Lehrperson und deren Bedürfnisse zu richten. In solchen Momenten wird von der Lehrperson umgehend direkt auf persönliche Ressourcen (Ehepartner/in etc.) zurückgegriffen, was in der Akutsituation bei anderen Ereignistypen weniger der Fall ist, denn da bleibt die Lehrperson in der Regel in ihrer Rolle und ihren Aufgaben. In den Wochen danach steht für die betroffene Lehrperson das Bedürfnis eines Rechtsbeistands und idealerweise auch einer psychologischen Begleitung im Vordergrund. Ein Verfahren stellt neben der enormen emotionalen Belastung auch einen hohen finanziellen Aufwand dar. Der Umgang bzw. die angebotene Unterstützung für die betroffene Lehrperson wird vom gesamten Lehrpersonal beobachtet, da für den/die Einzelne/n der Gedanke im Raum steht, "mir kann das jederzeit auch passieren". Es ist von großer Bedeutung Rückendeckung aus den eigenen Reihen, sprich von Seiten der Schulbehörde, des Lehrer/innenkollegiums und auch der eigenen Schulleitung zu erhalten. Rechtliche Folgen können bei Todesfällen unter Aufsichtspflicht von Lehrpersonen für das gesamte Schulsystem eine besondere Belastung darstellen und die Rückkehr in den Alltag maßgeblich erschweren.

Auf der folgenden Seite finden Sie als Übersicht die Zusammenfassung der eben dargestellten Kernthemen aus Perspektive des Lehrpersonals.

Lehrpersonal

Wie können Sie das Lehrpersonal bei Todesfällen im Kontext Schule unterstützen?

Für eine bestmögliche Unterstützung ist das Kennen und Verstehen potentieller Reaktionen und Bedürfnisse sehr wichtig.

Potentielle Reaktionen des Lehrpersonals

⇨ Lehrpersonen reagieren sehr unterschiedlich, es gibt eine große Bandbreite potentieller Reaktionen: völlige Erstarrung, Weinen, Sprachlosigkeit, Überforderungsgefühl, Hilflosigkeitsgefühl, Schuldgefühl, starke Betroffenheit, Verunsicherung etc.

⇨ Nach einem ersten Schock sind Lehrpersonen aber in der Regel relativ schnell wieder handlungsfähig und können ihren Aufgaben und ihrer Rolle gerecht werden.

⇨ In den ersten Stunden, Tagen "funktioniert man irgendwie", erst später treten eigene Bedürfnisse in den Vordergrund. Es ist wichtig auf kurze Ruhephasen zu achten.

⇨ Zu beachten ist, dass bei schulinternen Unfällen bzw. bei Todesfällen im Rahmen von Schulveranstaltungen die Betroffenheit des Lehrpersonals besonders groß sein kann.

⇨ Das Zeigen eigener Betroffenheit und Trauerreaktionen, aber trotz allem Ruhe und Handlungsfähigkeit zu vermitteln ist eine zentrale Herausforderung im Umgang mit den Schüler/innen.

Bedürfnisse von Seiten des Lehrpersonals

⇨ Eine zeitnahe, einheitliche Information darüber was passiert ist und wie es nun weiter geht bzw. wie sie nun am besten mit den Schüler/innen umgehen können, ist für das Lehrpersonal sehr wichtig.

⇨ Das Gefühl eine erfahrene, geschulte, routinierte Fachperson als Unterstützung im Hintergrund zu haben, wird als sehr positiv und entlastend wahrgenommen.

⇨ Ein wesentliches Bedürfnis der Lehrpersonen sind Handlungsmöglichkeiten zu erhalten, um ihre Lehrer/innenrolle beibehalten zu können.

⇨ Lehrpersonen brauchen ein regelmäßiges Update über wichtige, neue Informationen.

⇨ Gegenseitige Unterstützung und Gespräche innerhalb des Lehrer/innenkollegiums können sehr entlastend für Lehrer/innen sein.

⇨ Auf längere Sicht gilt es Lehrpersonen auf bevorstehende Schlüsselereignisse (wie Geburtstage, Schuljahresende, Jahrestag, Allerheiligen, Weihnachten etc.) hinzuweisen und vorzubereiten.

⇨ Auch die eigene Psychohygiene des Lehrpersonals sollte nicht vernachlässigt werden.

3 Die Perspektive der Jugendlichen

Die Besonderheiten im Jugendalter (z.B. körperliche, kognitive, emotionale, psychosoziale Veränderungen), die spezifischen Entwicklungsaufgaben (Identitätsfindung, Risikobereitschaft etc.) können als einflussreich hinsichtlich der Bewältigung von traumatischen Erfahrungen betrachtet werden. Beispielsweise spielt es eine Rolle, welche kognitiven Veränderungen der/die Jugendliche bereits durchlaufen hat und wie diese zum Todesverständnis beitragen. Die Bewältigung von Verlusterfahrungen besteht nicht nur auf einer kognitiven Ebene des Verstehens von Tod, sondern auch auf einer sozialen Ebene (z.B. Gleichaltrigen-Gruppe), abhängig vom Alter und Entwicklungsstadium der/des Jugendlichen.

3.1 Potentielle Reaktionen und Bedürfnisse Jugendlicher

Es besteht eine große Variabilität an potentiellen Reaktionen von Jugendlichen und grundsätzlich kann mit jeglicher Art von Reaktion in solchen Situationen gerechnet werden. Auffallend oft wird völliger Rückzug, aggressives Verhalten, Schuldgefühle, Idealisierung des/der Verstorbenen, Auftreten in Gruppen und Drogenkonsum mit Jugendlichen in solchen Situationen in Zusammenhang gebracht.

Die zentralen Bedürfnisse Jugendlicher sind vor allem Informationen zum Ereignis, Emotionsregulierung und emotionale Unterstützung aus der Peergroup zu erhalten.

Rahmenbedingungen, Todesursache und zeitliche Nähe zum Unterricht nehmen einen wesentlichen Einfluss auf Reaktionen und Bedürfnisse der Schüler/innen. Wie bereits erwähnt wurde, stellt die wohl größte Herausforderung ein Todesfall im Rahmen einer Schulveranstaltung dar. Bei Ereignissen innerhalb der Schule können Schüler/innen plötzlich zu Ersthelfer/innen und/oder Zeug/innen werden. Für Ersthelfer/innen steht die Frage "alles richtig gemacht zu haben" meist im Zentrum. Zeug/innen brauchen in der Regel noch etwas mehr als andere Jugendliche, da sie neben den allgemeinen Trauerreaktionen auch starke traumatische Stressreaktionen zeigen können, wie Intrusionen, Wahrnehmungsverzerrungen, Derealisationserleben, Depersonalisationserleben und/oder auch starke Schuldgefühle. Bei eigener Lebensgefahr von Zeug/innen kommt zusätzlich das Erleben der Bedrohung der eigenen körperlichen Unversehrtheit mit ins Spiel. Bei Zeugenschaft empfiehlt sich der Einbezug von Fachpersonen (z.B. Psycholog/innen). Ein wesentlicher Aspekt für die Schule liegt darin, dass Zeug/innen wenn möglich nicht aus ihrem Klassengefüge rausgerissen werden sollten, da die emotionale Unterstützung aus der Peergroup und das gemeinsame Trauern eine sehr wichtige Rolle einnimmt. Allerdings sollte zusätzlich zu den Klasseninterventionen für die Zeug/innen in Zusammenarbeit mit externen Fachpersonen eine Betreuung angeboten werden. Je nach Ereignis können auch Schuldzuweisungen (innerhalb der Jugendlichen oder auch gegenüber der Aufsichtsperson) entstehen, welche besonderer Aufmerksamkeit bedürfen. Denn solche Ereignisse sind meist auch gekennzeichnet durch Selbstvorwürfe, Schuldgefühle und Zweifel darüber, in der Situation sich richtig verhalten zu haben. Unabhängig davon ob objektiv betrachtet ein Grund dafür zu erkennen ist, würden Schuldzuweisungen und Vorwürfe diese Gefühle noch verstärken. Bei Jugendlichen, die das Ereignis unmittelbar miterlebt haben, kann es auch zu sogenannter Überlebensschuld kommen. Diese Schuldgefühlproblematik kann in Zusammenhang mit der starken Hilflosigkeits- und Ohnmachtserfahrung auftreten (Brauchle et al., 2009).

Aus den eigenen Ergebnissen (Warger, 2014) wird ersichtlich, dass Jugendliche nach einem Todesfall von einem/r Mitschüler/in Erwachsene in der ersten Zeit tendenziell ablehnen und sich eher an der Peergroup orientieren. Mit der Zeit nehmen dann oft auch die Eltern/die Erwachsenen wieder einen stärkeren Platz ein. Eine mögliche Erklärung liegt in der großen Variabilität der Reaktionen Jugendlicher. Die große Variabilität und die gleichzeitige Orientierung an der Gleichaltrigen Gruppe der Jugendlichen, können mittel- bzw. langfristig zu Gruppenkonflikten und gegenseitigen Vorwürfen führen. Diese Konflikte können daraus resultieren, dass sich die Jugendliche gegenseitig vorwerfen, nicht die "richtige" Trauer zu zeigen. Deshalb ist es hier einerseits wichtig bereits frühzeitig an der Toleranz unterschiedlicher Reaktionen zu arbeiten und andererseits als Elternteil/Lehrperson/... als Ansprechperson zu dienen. Das Paradoxe dabei liegt darin, dass der/die Jugendliche einerseits den Erwachsenen ausweicht und andererseits bei extremer Stressbelastung wiederum ihre Unterstützung sucht (Baacke, 2003; Bal et al., 2003). Nicht zu vernachlässigen ist dabei der Einfluss der Entwicklungsaufgaben im Jugendalter, die dazu führen können, Interventionen abzuwehren, um wenigstens äußerlich als selbstständig und unabhängig zu erscheinen.

Wie bereits dargestellt haben Jugendliche ein besonderes Bedürfnis nach Unterstützung aus der Peergroup, daher sollte ihnen die Möglichkeit geboten werden gemeinsam Zeit zu verbringen. Das Klassenzimmer kann hier für betroffene

Jugendliche eine wesentliche Rolle spielen, die Verbundenheit in einem bzw. ihrem sozialen Kontext zu stärken (Zenere, 2004).

Die Reaktionen der Jugendlichen sind vielfältig und finden Anleihen bei den Reaktionen von Kindern und Erwachsenen. Sie reichen von völliger Erstarrung bis hin zum enormen Rededrang (Karutz & Lassoga, 2008). Durch die Ausschüttung von Stresshormonen zeigen Betroffene oft Reaktionen wie Weinen, Schreien, Herumlaufen oder zeigen insgesamt große Unruhe und erhöhte Wachsamkeit. Der starke Bewegungsdrang bei Jugendlichen wurde in der Untersuchung mehrmals hervorgehoben. Aus dem hohen Erregungszustand in der Akutsituation kann auch aggressives Verhalten resultieren (Karutz & Lassoga, 2008). Dollard et al. (1939) entwickelten die Frustrations-Aggressions-Theorie, nach welcher Frustration immer zu Aggression führt. Spätere Forschungsergebnisse (Miller, 1941) zeigen auf, dass Frustration nicht zwingend, aber einen Anreiz für aggressives Verhalten darstellen kann, was Aggression als potentielle Akutreaktion nach einem Todesfall erklärt. Bei Todesfällen zeigt sich Frustration durch das Erleben eines Todesfalls und die Tatsache, dass dieses Ereignis nicht wieder rückgängig gemacht werden kann. Weiters kann Aggression aus unangebrachtem oder unsensiblem Verhalten von Seiten der Bezugspersonen resultieren (Cohen et al., 2006). Diesbezüglich zeigte sich im Dissertationsprojekt (Warger, 2014), dass im Umgang mit Jugendlichen beispielsweise ein ständiges sich Aufdrängen zu aggressivem Verhalten führen kann. Im Kontext Schule kann Aggression insofern zu Schwierigkeiten führen, da es zu einem gruppendynamischen "Hochschaukeln" der Emotionen kommen kann. Ebenso kann diese Gruppendynamik durch die zumeist von Mädchen gezeigte hohe Expressivität in der Trauer bewirkt werden. Gruppendynamische Prozesse sind bei Todesfällen im Kontext Schule nicht zu unterschätzen. Sowohl die Untersuchungsergebnisse als auch die Literatur betonen den Grundgedanken einer sanften, aber klaren Führung und Richtungsvorgabe durch die Krise, was wiederum einer bestmöglichen Prävention bedarf um in der Akutsituation handlungsfähig zu bleiben. Bei Gruppen in Krisensituationen geht es darum, den unterschiedlichsten Reaktionen zwar Raum zu geben, aber doch die Gefahr einer potentiellen emotionalen Ansteckung im Auge zu behalten (Kendall, 2004). In solchen Ausnahmesituationen ist es von Seiten der Lehrperson wichtig, empathisch und authentisch zu sein. Natürlich darf auch die Betroffenheit und die Reaktionen der Lehrperson ihren Platz finden. Allerdings ist es in der Interaktion mit den Schülern/innen nicht förderlich, wenn die Lehrperson ihre emotionale Kontrolle völlig verliert (Kendall, 2004). Aus den Untersuchungsergebnissen wird aus den verschiedensten Perspektiven (Fachpersonen, Lehrpersonen, Schulleitung), aber vor allem aus der Perspektive der Jugendlichen die große Bedeutung ersichtlich, zwar Betroffenheit von Seiten der Lehrpersonen und der Schulleitung, aber eben auch eine klare Führung durch die Krise wahrzunehmen.

Einen Zugang zu Jugendlichen findet man in der Regel durch ein offenes, ehrliches und vor allem authentisches Auftreten ohne sich dabei aufzudrängen. Sie bestimmen selbst wann, wo und mit wem sie über das Ereignis sprechen möchten. Bei der Betreuung von Jugendlichen nach Todesfällen ist vor allem auf die starke Gruppenorientierung der Jugendlichen zu achten, was für die Betreuung bedeutet, dass es sich weniger um Einzel- sondern vor allem um Gruppeninterventionen handelt. Es bedarf Flexibilität, Spontanität und Intuition. Der Grundgedanke liegt in einem ressourcen- und bedürfnisorientiertem Vorgehen. Eine wesentliche Herausforderung liegt dabei im adäquaten Regulieren unterschiedlichster Emotionen. Das bedeutet primär Emotionen auszuhalten, sie zu stabilisieren und dabei vorsichtig zu sein die Emotionen nicht noch zu verstärken. Aufgrund der oft stark variierenden Reaktionen und Bedürfnisse gilt es die Toleranz unterschiedlichster Reaktionen zu fördern um gegenseitigen Vorwürfen unangebrachten Trauerverhaltens entgegenzuarbeiten.

Auf den folgenden Seiten finden Sie als Übersicht die Zusammenfassung der eben dargestellten Kernthemen aus Perspektive jugendlicher Schüler/innen.

Jugendliche

Wie können Sie Jugendliche bei Todesfällen unterstützen?

Für eine bestmögliche Unterstützung ist das Kennen, Verstehen und Ernstnehmen potentieller Reaktionen und Bedürfnisse sehr wichtig.

Potentielle Reaktionen von Jugendlichen bei Todesfällen

⇨ Während manche Jugendliche eher extrovertiert reagieren (z.B. schreien, weinen, viel darüber sprechen wollen, ...) zeigen andere wiederum ein sehr in sich gekehrtes Verhalten (z.B. Zurückziehen, wirken ganz "cool", ...)

⇨ Im Schock können auch sehr häufig körperliche Symptome auftreten (z.B. starkes Schwitzen, kreideweiße Gesichter, ...). In den Tagen und Wochen danach können Appetitlosigkeit, Schlafprobleme sowie verschiedenste psychosomatische Reaktionen folgen, welche mit der Zeit aber wieder abklingen.

⇨ Jugendliche zeigen besonders in den ersten Stunden oft einen sehr starken Bewegungsdrang (Fluchttendenzen).

⇨ Sie stellen in der Regel viele und detaillierte Fragen über das Ereignis.

⇨ Wahrnehmungsveränderungen (z.B. wie in einem schlechten Film zu sein oder eine veränderte Zeitwahrnehmung zu haben, ...) sowie starke Schuldgefühle oder auch ein Gefühl der "Leere" (z.B. nichts zu fühlen) können auftreten.

⇨ Besonders Mädchen zeigen manchmal hohe Expressivität in ihrer Trauer und können dadurch ein gruppendynamisches Hochschaukeln bewirken.

⇨ Jugendliche können auch mit Aggression auf die Todesnachricht nahestehender Personen reagieren.

⇨ Oft sind Jugendliche gegenüber Erwachsenen sehr skeptisch und begegnen ihnen mit einem eher ablehnenden Verhalten. Sie suchen primär ihren eigenen Freundeskreis um mit solchen Situationen umzugehen.

⇨ Es kann zudem zu einem höheren Risikoverhalten kommen als gewöhnlich im Jugendalter (z.B. verstärkter Alkohol- und anderer Suchtmittelkonsum).

⇨ Ähnliche Vorfälle, Geburtstage, Jahrestage, Weihnachten etc. können den Verlust wieder ins Zentrum rücken und eben dargestellte Reaktionsweisen (nachdem sie abgeklungen sind) wieder aufkommen lassen.

(Fortsetzung nächste Seite)

Bei Zeugenschaft

Besonders die Frage "schnell und richtig reagiert zu haben" und potentielle Schuldgefühle können hier neben akuten Stressreaktionen eine zentrale Rolle spielen. Mittelfristig gesehen können Zeug/innen beispielsweise eher mit traumatischen Stressreaktionen, wie Wahrnehmungsverzerrungen, starken Schuldgefühlen, Intrusionen (sich aufdrängende Bilder, Gerüche, ...), Schlafstörungen, Ängsten etc., konfrontiert sein.

Kernbedürfnisse von Jugendlichen bei Todesfällen

⇨ Eine zeitnahe Information ist im Umgang mit Jugendlichen sehr wichtig, um Gerüchten entgegen zu arbeiten und um ihr Vertrauen nicht zu verlieren.

⇨ Jugendliche stellen viele Fragen, hier ist ein offenes und ehrliches Beantworten ihrer Fragen fundamental.

⇨ Im Umgang mit Jugendlichen sollte beachtet werden, dass Jugendliche in solchen Situationen relativ rasch zum Handy greifen (starkes Bedürfnis der Kommunikation nach außen).

⇨ Jugendliche orientieren sich sehr stark an ihren Freund/innen (Peerunterstützung) und daher sollten für sie untereinander Gesprächsmöglichkeiten ermöglicht werden; dies beinhaltet auch klassenübergreifende Freundschaftsunterstützungen.

⇨ Sie brauchen Rückzugs-, Handlungs- und Entscheidungsmöglichkeiten.

⇨ Den Schüler/innen ist es ein Anliegen, dass von Seiten der Schule klare Zeichen gesetzt werden (Trauertisch, Trauerfahne etc.). Über Veränderungen bzw. Entfernungen solcher Zeichen (Rituale) wollen sie klar informiert werden.

⇨ Wichtig ist sich an der Sprache der Jugendlichen anzupassen, die körperliche Distanz zu wahren und sich nicht aufzudrängen.

⇨ Es gilt die Toleranz unterschiedlichster Reaktionen zu fördern, um gegenseitigen Vorwürfen unangebrachten Trauerverhaltens entgegenzuarbeiten.

⇨ Klare Strukturen bieten Sicherheit und sollten besonders in solchen Situationen beibehalten werden (z.B. Beibehaltung klarer Pausenregelungen und des anstehenden Nachmittagsunterrichts).

⇨ Jugendliche brauchen Grenzen. Ruhiges und konsequentes Grenzen setzen ist auch in solchen Situationen sehr wichtig.

4 Perspektive der Eltern

Zum sozialen System Schule gehört auch die Rolle der Eltern, welche es beim Todesfall eines/r Schülers/Schülerin nicht zu vernachlässigen gilt. Worauf ist im Umgang mit der direkt betroffenen Familie zu achten, woraus möglicherweise noch weitere Geschwister, Verwandte etc. Teil des Schulsystems darstellen. Wie kann die Schule mit den Eltern der restlichen Schüler/innen in einer solchen Krisensituation umgehen? Dies sind einige der Fragen, welche genauer betrachtet wurden. Folgende wesentlichen Schritte im Umgang mit Eltern resultieren aus dieser Analyse (Warger, 2014).

4.1 Eltern der/des Verstorbenen

Von Seiten der betroffenen Familie ist eine zeitnahe Kontaktaufnahme, Absprache zwischen Schule und Familie sowie ein mittelfristiges Zugehen von Seiten der Schule auf die Familie sehr wichtig. Es gilt zu berücksichtigen, dass solch stressreiche Ausnahmesituationen aufgrund potentieller Schuldvorwürfe auch immer das Risiko von Konflikten in sich bergen (vgl. Sotzko, 2013).

Eine direkt betroffene Familie wird in der Regel schulunabhängig von den örtlich zuständigen psychosozialen Akutteams (Krisenintervention, Notfallseelsorge, ...) betreut. In der Regel besteht eine gewisse Hemmschwelle von Seiten der Schule mit den Eltern des/der verstorbenen Schülers/Schülerin in Kontakt zu treten. Es hat sich gezeigt, dass ein aktives Zugehen von Seiten der Schule auf die betroffene Familie sehr wichtig ist. Es sollte nicht die große Bedeutung der Schule für Schüler/innen und deren Eltern unterschätzt werden.

Besonders bei einem "plötzlichen Todesfall eines/r Schülers/Schülerin innerhalb der Schule" hat sich gezeigt, dass eine sofortige Kontaktaufnahme zu den betroffenen Eltern wichtig und hinsichtlich der Fragen der Eltern eine offene Haltung zu empfehlen ist. Je nach Situation kann es hier zu einem wohlwollenden, unterstützenden Miteinander oder auch zu wütenden, gegenseitigen Schuldvorwürfen kommen - ein sehr wichtiger und zu berücksichtigender Aspekt in der Handhabung bzw. dem konkreten Vorgehen in der jeweiligen Situation.

4.2 Eltern der betroffenen Schule

Auch die Eltern der Mitschüler/innen erwarten sich ein aktives Zugehen mit wichtigen Informationen von Seiten der Schule. Eltern zeigen meist Verunsicherung, brauchen Informationen über das Ereignis und darüber welche Maßnahmen gesetzt wurden und werden. Vor allem hinsichtlich des Umgangs mit ihren Kindern brauchen sie Informationen: potentielle Reaktionen, Informationen worauf zu achten ist und Kontaktdaten potentieller Anlaufstellen (Karutz & Lassoga, 2008). Nicht selten übertragen die Eltern ihre Unsicherheit und Ängste im Umgang mit ihren Kindern in solchen Situationen auf die Lehrpersonen (Kendall, 2004) und die Schulleitung, wodurch ein großes Konflikt- und Eskalationspotential entstehen kann. Daher gilt es im System Schule die Perspektive der Eltern und deren Bedürfnisse nicht zu vernachlässigen. Um in der Akutsituation den verschiedensten Anforderungen gerecht werden zu können, ist der Präventionsgedanke für Krisensituationen essentiell. Für Eltern steht der Bedarf nach Informationen zum Ereignis, zum weiteren Vorgehen von Seiten der Schule und vor allem auch Informationen über potentielle Reaktionen der Kinder und Handlungsmöglichkeiten der Eltern im Zentrum. So können beispielsweise zum Umgang mit den Eltern bereits präventiv Vorlagen für Elternbriefe und Broschüren zu potentiellen Reaktionen von Kindern nach einem Todesfall vorbereitet werden.

Der Austausch zwischen den Eltern (emotionale Unterstützung aus der Eltern-Gruppe) wird auch mittel- und langfristig meist als sehr entlastend von den Eltern wahrgenommen und sollte als wichtige Ressource erkannt und nicht unterschätzt werden.

Kommt ein/e Schüler/in im Rahmen einer Schulveranstaltung oder in der Schule ums Leben, dann besteht die Gefahr darin, dass allgemein die Eltern der betroffenen Schule je nach Ereignis die eigenen Kinder in der Schule nicht mehr sicher sehen. Schulgröße, Schultyp und der Standort (Stadt/Land) spielt hinsichtlich dem Bedürfnis nach schnellstmöglicher Information aller Eltern der gesamten Schule keine Rolle, nur die Art der Information (z.B. schriftlich oder mündlich; Umfang der Nachricht) wird den örtlichen Rahmenbedingungen (Schulgröße, Schultyp, Stadt/Land) entsprechend angepasst. Beruhigend für Eltern in solchen Situationen ist meist die Information darüber, dass die Schule und ihre Kinder von externen Fachpersonen (Psycholog/innen etc.) begleitet werden.

Auf der folgenden Seite finden Sie als Übersicht die Zusammenfassung der eben dargestellten Kernthemen aus Perspektive der Eltern.

Eltern

Wie können Sie als Schule Eltern beim Todesfall eines/r Schülers/Schülerin unterstützen?

Für eine bestmögliche Unterstützung ist das Kennen und Verstehen potentieller Bedürfnisse bzw. Erwartungen an die Schule sehr wichtig.

Bedürfnisse bzw. Erwartungen von Eltern des/der verstorbenen Schülers/Schülerin an die Schule

⇨ Die Eltern erwarten sich in der Regel eine zeitnahe Kontaktaufnahme und das mittelfristige Zugehen von Seiten der Schule auf die betroffene Familie.

⇨ Im Umgang mit der betroffenen Familie sind kulturelle Hintergründe zu beachten.

⇨ Die betroffene Familie sollte über geplante Rituale und weiteres Vorgehen von Seiten der Schule Bescheid wissen.

Bedürfnisse bzw. Erwartungen von Eltern der restlichen Schüler/innen an die Schule

⇨ Die Eltern erwarten sich ein aktives, zeitnahes und bei Bedarf regelmäßiges Zugehen mit wichtigen Informationen von Seiten der Schule.

⇨ Je nach Ereignis, Schulgröße, Land oder Stadt sollte die Wahl der Mitteilungsform entsprechend angepasst werden (Elternbrief, Telefonkette, Elternversammlung, ...).

⇨ Das vordergründige Bedürfnis ist die Information darüber, ob es ihrem Kind gut geht und es in Sicherheit ist.

⇨ Die Eltern brauchen Informationen über

» Fakten (was ist passiert? ...)
» Interventionen (gesetzte und geplante)
» potentielle Reaktionen von den Kindern
» potentielle Anlaufstellen
» eine Ansprechperson an der Schule

⇨ Je nach Ereignis sollte auch Raum und Zeit für direkte Elternfragen (z.B. Elternabend) geschaffen werden. Hier kann der Einbezug von Fachpersonen (z.B. Psycholog/innen) sehr hilfreich sein.

⇨ Fördern Sie den Austausch und die Vernetzung zwischen den Eltern in solchen Situationen, da dies eine wertvolle gegenseitige Unterstützung darstellen kann.

VIII Interventionsmöglichkeiten

1 Allgemeine Richtlinien psychosozialer Unterstützung

Entsprechend der Definition der International Federation of Red Cross Red Crescent Societies (IFRC, 2009) bezieht sich psychosoziale Unterstützung sowohl auf psychische als auch auf soziale Bedürfnisse von Betroffenen. Das Ziel psychosozialer Unterstützung liegt in der Förderung der Resilienz, wobei der Fokus auf einer ressourcen- und bedürfnisorientierten Unterstützung liegt. Es werden Individuen, Familien, Gruppen und Gemeinschaften mit Hilfe psychosozialer Unterstützung Schritt für Schritt in eine "Normalität" zurückgeführt bzw. werden darin unterstützt sich von einem traumatischen Erlebnis zu erholen (IFRC, 2009).

Um bei Todesfällen im Kontext Schule eine bestmögliche psychosoziale Unterstützung bieten zu können, sollten sich die Interventionen an den aktuellen Forschungstand hinsichtlich psychosozialer Unterstützung orientieren, welcher ein bedürfnis- und ressourcenorientiertes Arbeiten empfiehlt. Je nach Ereignis, Umfeld, Alter, Entwicklungsstand und weiteren potentiellen Einflussfaktoren können sich die Bedürfnisse des/der Betroffenen stark unterscheiden und in der Regel kann sich ein Bedürfnis über die Zeit hinweg auch ändern.

In allen Erstinterventionen liegt das primäre Hauptaugenmerk darauf, einen sicheren Rahmen zu schaffen und eine erste Basisversorgung (Essen, Trinken etc.) durchzuführen (Dyregrov & Yule, 2006). Anschließende Bedürfnisse variieren sehr stark: Vom Bedürfnis "nach Hause zu gehen" bis hin "allein gelassen zu werden", vom Bedürfnis "darüber zu reden" bis hin zum Bedürfnis "nicht als bemitleidenswerte Person angesehen zu werden". Die Herausforderung psychosozialer Unterstützung liegt darin unterschiedlichste und individuelle Bedürfnisse zu erkennen um adäquat reagieren zu können. Bedürfnisorientierte Interventionen zielen darauf ab, die Resilienz der betroffenen Personen, Gruppen oder Gemeinschaften zu fördern.

Mittlerweile existieren sehr viele Forschungsarbeiten und Handlungsprinzipien hinsichtlich psychosozialer Unterstützung (Bisson & Lewis, 2009; Brewin et al.,

2008; Schreiber, 2005; Silove & Zwi, 2005; VandelPol et al., 2006; Vernberg et al., 2008).

Hobfoll et al. (2007) verfassten nach einer gründlichen Analyse und Sichtung vorhandener Literatur eine Überblicksarbeit, in welcher sie hinsichtlich psychosozialer Interventionen fünf Wirkfaktoren herausarbeiten konnten:

(1) Sicherheit

(2) Selbst- und kollektive Wirksamkeit

(3) Verbundenheit

(4) Ruhe, Stressreduktion

(5) Hoffnung, positive Zukunftsorientierung

Diese Faktoren wurden in zahlreichen Untersuchungen als wirksam dargestellt (siehe dazu Hobfoll et al., 2007). Das Ziel der Unterstützungsmaßnahmen liegt darin die genannten fünf Kernelemente bei dem/der Betroffenen "wieder" herzustellen bzw. zu fördern.

Laut Hobfoll et al. (2007) kann **Sicherheit** nach einem traumatischen Erlebnis beispielsweise durch Hinführen zu einem sicheren Ort, durch Informationsgabe je nach Bedürfnis, durch das Zusammenführen mit Familienangehörigen, durch die Wiederherstellung von Normalität bzw. von Alltagsroutinen etc. wieder aufgebaut werden. Die Förderung des Sicherheitsgefühls, die Wiederherstellung eines sogenannten "Schutzschildes" durch die Begleitung Betroffener durch Krisensituationen ist in der psychosozialen Notfallversorgung sehr wichtig (Van Ommeren et al., 2005). Die Informationsgabe ist ebenso wichtig wie der Schutz vor zu viel Information, vor Gerüchten oder ungesicherten Informationen (Hobfoll et al., 2007; Mollica et al., 2004).

Unter **Selbst- und kollektive Wirksamkeit** ist gemeint, den/die Betroffenen wieder zu aktivieren kleine Handlungen zu setzen. Es gilt also Handlungs- und Entscheidungsmöglichkeiten zu bieten sowie Zeit und Raum für offene Fragen zu haben (Saltzman et al., 2006; Goenjian et al., 1997, 2005; Paardekooper, 2001; Benight et al., 2000; Benight, 2004). Einzelne Gruppenmitglieder sollen wenn möglich aktiv mit einbezogen werden, denn dies steuert dem Gefühl der Hilflosigkeit und des Ausgeliefertseins bei dem/der Betroffenen entgegen.

Unter dem Begriff **Verbundenheit** ist jene zwischen dem/der Betroffenen und seinem/ihrem sozialen Umfeld gemeint (Litz & Gray, 2002; Shalev et al., 2004; Ursano et al., 1995; Hobfoll et al., 2007). Das soziale Netz einer Person bietet Sicherheit und Halt. Ein erstes "Networking", im Sinne von Aktivieren der Ressourcen der Schüler/innen in und außerhalb der Schule sollte gemacht werden.

Für Jugendliche nimmt besonders die "Peergroup" und das Setzen von gemeinsamen Handlungen (Rituale) eine wesentliche Rolle ein (Kendall, 2004).

Ruhe und Stressreduktion kann durch verschiedene Interventionen ermöglicht werden, wie durch das Hinführen zu einem sicheren Ort, durch das Normalisieren von Stressreaktionen, durch das Abdecken primärer Bedürfnisse etc. Stressreduktion bedeutet auch Ablenkungs-, Distanzierungs- und Rückzugsmöglichkeiten zu bieten (Foa et al, 2000). Dem/der Betroffenen sollte weiters die Orientierung in die Zukunft wieder ermöglicht werden, indem man die nächsten erforderlichen Schritte vorausplant und eventuell durch Coaching vorbereitet (Hobfoll et al., 2007; Kendall, 2004; Carver & Scheier, 1998; Antonovsky, 1979).

Auch die in letzter Zeit entstandenen Richtlinien zu psychosozialer Versorgung basieren auf eine bedürfnis-, ressourcen- und auf den fünf Wirkfaktoren orientierte Vorgangsweise sowie auf einen multiprofessionellen Unterstützungsansatz auf mehreren Ebenen. Beispiele für solche Richtlinien sind die IASC Guidelines (IASC, 2007), NATO Guidelines (Bevan et al., 2008), TENTS Guidelines (Bisson & Tavakoly, 2008).

Ein Ländervergleich im deutschsprachigen Raum zeigt auf, dass je nach örtlichen Gegebenheiten, Rahmenvorschriften und Organisationsangeboten sich große Unterschiede hinsichtlich dem Unterstützungsangebot und Zuständigkeitsbereich für Todesfälle im Kontext Schule ergeben.

Unter Berücksichtigung der Richtlinien und der sehr ortspezifischen Angebote und Zuständigkeitsbereiche verschiedenster Organisationen könnte man zusammenfassend für Todesfälle im Kontext Schule folgende Einteilung geltend machen (siehe Abbildung 3).

Abbildung 3: Multiprofessioneller Unterstützungsansatz auf mehreren Ebenen hinsichtlich Krisen in Schulen (angelehnt an Juen & Siller, 2012, S. 218)

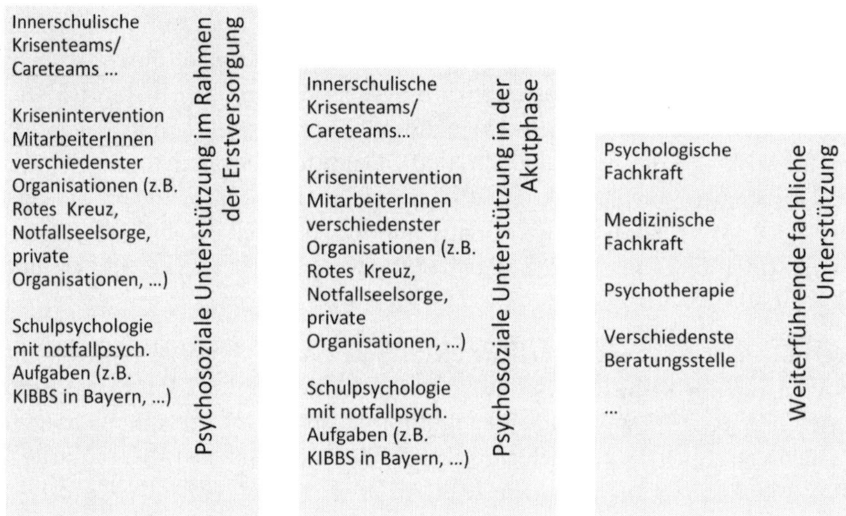

Diese Einteilung (Abbildung 3) kommt auch den vom Deutschen Bundesamt für Bevölkerungsschutz und Katastrophenhilfe (2011) herausgegebenen Qualitätsstandards und Leitlinien zu den PSNV-Maßnahmen (Psychosoziale Notfallversorgung) sehr nahe:

- Psychische Erste Hilfe
- Psychosoziale Akuthilfe
- Unterstützung im sozialen Netzwerk/ Psychosoziale Hilfen/ Diagnostik und Intervention von Fachpersonen

Landolt (2004) unterscheidet verschiedene Hilfsebenen nach einer traumatischen Erfahrung, welche man auf den Schulischen Kontext wie folgt übersetzen könnte:

(1) "Selbsthilfe"

Es treten beispielsweise personenspezifische Emotionsregulierungen und Bewältigungsstrategien in Kraft.

(2) "Soziales Netzwerk" und "Nicht spezialisierte Helfer/in"

Das soziale Umfeld kann durch die bloße Anwesenheit Ruhe und Sicherheit vermitteln und eine wichtige Unterstützung darstellen.

"Nicht spezialisierte Helfer/innen" wären im schulischen Kontext beispielsweise all jene Lehrpersonen, welche keine spezielle Fort- und Weiterbildung hinsichtlich Krisenintervention genossen haben.

(3) "Spezialisierte Helfer/in" und "Psychosoziale Fachleute"

Diese Hilfsebene können im schulischen Kontext beispielsweise speziell für Todesfälle an Schulen ausgebildete innerschulische oder schulexterne Krisenteams darstellen. In der Regel handelt es sich um psychosoziale Fachkräfte, die eine Spezialisierung im Bereich Notfallpsychologie haben und bei Bedarf psychosoziale Interventionen setzen können.

Internationale Richtlinien beziehen sich hinsichtlich Kinder und Jugendlichen vor allem auf psychosoziale Unterstützung nach Ereignissen wie Kriege oder Naturkatastrophen (Bedar, n.d.; Dybdal, 2007; Agger, 2004; Annan et al., 2003; Crisp et al., 2001; Danish Red Cross, 2004; Nicolai, 2003; Sinclair, 2002; ALNAP, 2003), wobei auch hieraus allgemeine Erkenntnisse für die Unterstützung von Schulen in Krisensituationen gewonnen werden können, wie beispielsweise aus dem Sphere-Handbook (Sphere Project, 2004) oder aus den IASC-Guidelines on Mental Health and Psychosocial Support in Emergency Settings (2007). Diese beiden Richtlinien sind zwei sehr häufig zitierte Richtlinien hinsichtlich psychosozialer Unterstützung nach traumatischen Ereignissen. Darin lassen sich grundlegende Empfehlungen im Umgang mit Kindern und Jugendlichen erkennen, welche auch im schulischen Kontext bei singulären Traumatisierungen von großer Bedeutung sein können.

Das Fördern der Handlungsfähigkeit eines betroffenen Systems mit Einbezug der Eltern und der Lehrpersonen ist beispielsweise eine der Grundlagen, welche sich auch in den IASC-Guidelines (2007) wiederfinden lässt: "Maximise the participation of the affected community, including parents, and of appropriate education authorities" (S. 149). Das Ziel der Interventionen liegt in der Wiederherstellung von Struktur und Normalität, am Angebot des Trauerausdrucks, sozialer Interaktion und Unterstützung sowie am Angebot von Entscheidungsmöglichkeiten (IASC, 2007, S. 150).

Die Rot Kreuz/Rot Halbmond Gesellschaften haben in verschiedenen Ländern (Österreich, Deutschland, Türkei, ...) spezifische Richtlinien für den Umgang mit Kindern und Jugendlichen in Notfallsituationen erarbeitet, worin jeweils potentielle Reaktionen und Handlungsanweisungen zu finden sind. Darin wird die Wichtigkeit von Gruppenaktivitäten, Entscheidungs- und Handlungsspielraum, aber auch der Bedarf nach einen zumindest temporär verminderten Leistungsdruck (Schule, Familie etc.) betont. Mittel- und langfristig gesehen sollte Alltag und Routine Platz finden, doch gleichzeitig immer auch die Möglichkeit über das Ereignis sprechen zu können geboten werden (vgl. Turkish Red Crescent Society, n.d.).

2 Handlungsmöglichkeiten und psychosoziale Unterstützung im System Schule

Neben diesen allgemeinen Richtlinien und Handbüchern hinsichtlich psychosozialer Versorgung in Bezug auf traumatische Ereignisse lassen sich mittlerweile sehr viele schulspezifische Richtlinien bzw. konkrete Notfallpläne zum Umgang mit Krisen an Schulen finden (Goodman et al., 2004; Brauchle et al., 2009; Annan et al., 2003; Kendall, 2004; etc.). Im Folgenden wird ein Überblick über den Konsens der bestehenden Notfallpläne bzw. Richtlinien basierend auf den Ergebnissen der Untersuchung von Warger (2014) hinsichtlich Interventionsformen bei Todesfällen von Schülern/innen gegeben.

2.1 Informationsmanagement

Die ersten Stunden nach einem Todesfall sind wesentlich, um einen raschen und sicheren Informationskanal zwischen Schulleitung und den verschiedenen schulinternen Betroffenen-Gruppen zu schaffen. Die Schulleitung sammelt sichere Informationen, beruft das innerschulische Krisenteam ein und erarbeitet eine Prioritätenliste. Denn abgesehen davon, dass vor jeglicher Freigabe von Information, die betroffene Familie über das Ereignis informiert werden muss, steht relativ am Beginn die Frage im Raum, "wer informiert wen, wann, wo, wie?". Es gilt schnellstmöglich einen Überblick über die Situation zu gewinnen, wobei im Kontext Schule an verschiedene Gruppen zu denken ist:

(a) Direkt betroffene Familie sowie potentielle Geschwister, Verwandte innerhalb der Schule

(b) Direktion

(c) Lehrpersonal

(d) gesamtes Schulpersonal (Sekretariat, Schulwart/in, ...)

(e) Schüler/innen (direkt betroffene Klasse, einzelne Schüler/innen aus anderen Klassen, ev. Zeug/innen)

(f) Eltern (direkt betroffene Klasse, alle restlichen Schüler/innen)

(g) Presse

Ein gutes Assessment ist Voraussetzung für eine bestmögliche psychosoziale Unterstützung. Die Untersuchungsergebnisse haben gezeigt, dass im System Schule eine bestmögliche Erstintervention von einem guten Assessment und Informationsmanagement abhängig ist. Im ersten Schock können sich Missgeschicke einschleichen, beispielsweise zu vergessen eine Berufsgruppe zu informieren (z.B. Schulwart/in, ...) oder die Weitergabe nicht einheitlicher Informationen. Ein gutes Assessment (Was ist passiert? Wer ist betroffen? Gab es Zeug/innen? Wer ist alles zu informieren? Welche Ressourcen stehen zur Verfügung? etc.) ist für eine erste Strukturierung der Situation unabdingbar. Die große Bedeutung des Assessments und Informationsmanagements bestätigen auch internationale und europäische Richtlinien zu psychosozialer Notfallversorgung (z.B. IASC Guidelines (IASC, 2007), NATO Guidelines (Bevan et al., 2008), TENTS Guidelines (Bisson & Tavakoly, 2008)).

In der psychosozialen Akutbetreuung gilt es einen ersten Überblick zu gewinnen, um erste potentielle Bedürfnisse abschätzen zu können. Das Ausmaß der Betroffenheit eines jeden Einzelnen hängt von mehreren verschiedenen Faktoren ab, wie beispielsweise der Nähe der Beziehung (Familie, bester Freund/beste Freundin, Klassenkamerad/in, ...) und der Art der Beobachtung (Zeug/in des Geschehens), was bei der Einschätzung der Betroffenheit bzw. bei einer potentiellen Gruppeneinteilung unbedingt berücksichtigt werden sollte.

Das Erkennen solcher verschiedener Kreise der Betroffenheit ist im Krisenfall im System Schule unabdingbar, um einen Überblick zu gewinnen und eine erste Strukturierung vornehmen zu können. Dies ermöglicht zudem bei begrenzten Personalressourcen Prioritäten in der Betreuung setzen zu können.

Wie aus Abbildung 4 ersichtlich, kann eine solche erste grobe Betroffenheitseinschätzung folgendermaßen vorgenommen werden: angefangen bei der größten Betroffenheit bei der Familie des/r Verstorbenen (Eltern, Geschwister), über enge Freund/innen und die Klasse des/r Verstorbenen ... bis hin zur Betroffenheit der gesamten Schulgemeinschaft.

Abbildung 4: Kreise der Betroffenheit am Beispiel Tod eines/r Schülers/Schülerin am Wochenende

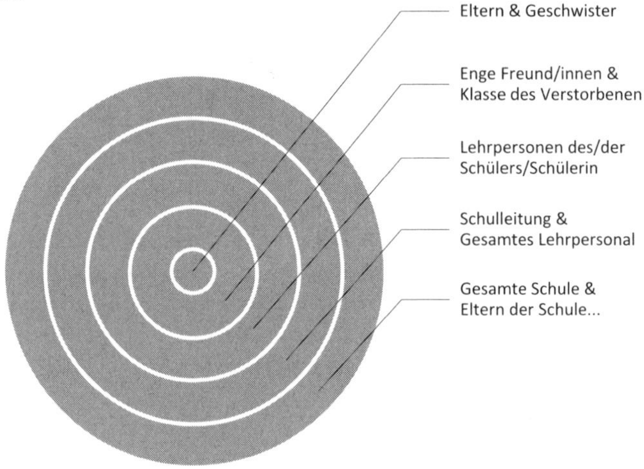

2.2 Medien

Neben einem ersten Assessment ist es natürlich auch sehr wichtig unmittelbar und klar das Sekretariat der Schule zu instruieren und eng mit Rettungskräften und den Behörden zusammen zu arbeiten. Bei Todesfällen besteht in der Regel ein großes Medieninteresse, welches in der Krise bewältigt werden muss. Hierfür empfiehlt es sich so rasch als möglich eine/n Pressesprecher/in zu benennen, welche/r sich, wenn möglich, fachlich beraten lässt und eng mit den Behörden zusammen arbeiten sollte. Es gilt in der Regel eine offensive Informationspolitik zu betreiben, wobei die Schule immer nur für die eigenen Belange sprechen darf. Zu beachten ist, dass die Schule sich nicht völlig unvorbereitet der Presse stellt und die Regeln mitbestimmen kann und sollte. Zeitnahe Pressetermine haben beispielsweise den Vorteil eine einheitliche, zeitgleiche, vorbereitete Information nach außen gewährleisten zu können, wobei der Termin auf den Redaktionsschluss Rücksicht nehmen sollte, sodass die Journalist/innen nicht aufgrund des Zeitdrucks unstrukturiert direkt an die Betroffenen herantreten. Schulintern sollte sowohl das Schulpersonal als auch die Schüler/innen selbst auf potentiell anstrengende und hartnäckige Strategien der Medienvertreter/innen vorbereitet werden. Bei Notwendigkeit sollte sich die Schulleitung an die Behörden wenden um Betroffene von den Medien abzuschirmen und beim Verlassen des Schulgebäudes zu schützen (Senatsverwaltung für Bildung, Wissenschaft und Forschung. Gewaltprävention und Krisenintervention an Schulen, 2011).

2.3 Gruppenmaßnahmen

Schulbetreuungen sind vor allem durch Gruppenmaßnahmen gekennzeichnet. Die große Herausforderung von Gruppenmaßnahmen liegt in den unterschiedlichsten Bedürfnissen der Beteiligten, zumal nicht alle Schüler/innen in einer Klasse dieselben Bedürfnisse haben: einige haben ein größeres Bedürfnis nach Emotionsausdruck und Konfrontation während andere Schüler/innen mehr Abwehr brauchen. Kendall (2004) betont die Wichtigkeit auf die unterschiedlichsten Reaktionen einzelner Schüler/innen in der Akutsituation mit einer sanften, aber doch klaren Führung zu reagieren, um eine gewisse Ordnung trotz Schock aufrecht zu erhalten. Hierfür bedarf es eigene Reaktionen wahrzunehmen und Grenzen zu erkennen, sodass eventuell auch eine andere Person (z.B. eine andere, emotional stabilere Lehrperson) die Klassenintervention übernehmen kann.

Im Idealfall kann von Seiten der Schule Unterstützung für Individuen als auch für Gruppen angeboten werden. Bei Einzelbetreuungen ist die anschließende Zusammenführung mit der jeweiligen Gruppe von großer Bedeutung. Klare und verständliche Informationsweitergabe, aktives und empathisches Zuhören, Normalisieren von Reaktionen und Gefühlen, Ansprechen potentieller Ressourcen (z.B. Peergroup) sowie Handlungsmöglichkeiten zu bieten sind wesentliche Grundlagen im Umgang mit Schüler/innen. Als Lehrperson sollte man auch mittelfristig den Schüler/innen vermitteln, jederzeit zur Verfügung zu stehen, wenn sie reden möchten (Kendall, 2004).

Man sollte sich den Gesprächseinstieg bereits im Vorhinein überlegen. Wichtig ist authentisch zu bleiben, die eigene Betroffenheit nicht zu unterdrücken, aber auch nicht vollkommen in die eigenen Emotionen zu verfallen (Evangelisch-Lutherische Kirche und Katholisches Schulkommissariat in Bayern, 2008). Bei Gruppeninterventionen sollte vor allem auf Informationsweitergabe, Emotionsausdruck, Rituale (gemeinsames Zeichen setzen) und Wiederaufnahme des Alltags wertgelegt werden (Unterluggauer & Kerer, 2008). Allgemein gilt es bei Jugendlichen darauf zu achten, sich nicht aufzudrängen, da Jugendliche Erwachsenen gegenüber oft mit Misstrauen begegnen und sie besonders in solchen Situationen genau prüfen. Ein sensibler, schrittweiser Beziehungsaufbau ist von zentraler Bedeutung (Unterluggauer & Kerer, 2008).

Jugendliche sprechen mit Freund/innen in einer Art und Weise, die ihren (sub)kulturellen Ausdrucksformen entsprechen. In der Betreuung von Jugendlichen ist es wichtig, Verständnis für ihre oft eigensinnige Form der Trauerbewältigung zu haben und bei besonders "coolem Auftreten" sind Jugendliche oft nur darauf bedacht, ihr Gesicht zu wahren (Brauchle et al., 2009). Die Pubertät ist per se durch intensive und schwankende Emotionen geprägt und es wird von vielen Jugendlichen nach einem Todesfall nach außen eine gewisse Emotionskontrolle ("cool sein") verfolgt, was auch mit der Angst vor Kontrollverlust über die eigenen negativen Gefühle und Reaktionen, wie Flucht und Vermeidungsverhalten, zusammenhängen kann (Witt-Loers, 2013).

Manchmal herrscht nach wie vor die Meinung, mit Kindern und Jugendlichen nicht oder nur sehr begrenzt über das Ereignis zu sprechen, aus der Überzeugung heraus, sie schützen zu müssen. Die offene Kommunikation stellt jedoch die Grundlage einer jeden Krisenintervention dar, da sie wesentlichen Einfluss auf die Vertrauensbasis hat. Genauso gilt es darauf zu achten sie nicht mit Informationen oder ständiger Konfrontation mit dem Verlust zu überfordern und den Mut zu haben auch Alltag wieder einkehren zu lassen.

Es sollten nur abgesicherte Informationen weitergegeben werden bzw. sollte man der Gruppe gegenüber, auch fehlende bzw. nicht vorhandene Informationen eingestehen. Laut Kendall (2004) stellt der Versuch die Gruppe (falls es die Situation erlaubt) in ein Gespräch zu verwickeln einen guten Ansatz dar. Dadurch kann den/die Schülern/innen ein Stückweit wieder das Gefühl der Kontrolle vermittelt werden. Durch ein Gespräch kann von der Emotionalität auf eine kognitivere Ebene gewechselt werden. Zudem kann durch aktives Zuhören und interessiertes Nachfragen ein Stückweit über die Gedanken und zentralen Bedürfnisse der Betroffenen in Erfahrung gebracht werden. Dabei sollte auch darauf geachtet werden, dass nicht gegen die Schutzfunktionen (Reaktionen) einzelner Schüler/innen gearbeitet wird. Hier ist Vorsicht hinsichtlich der Gefahr zu viel zu konfrontieren geboten, daher gilt es sich von den Fragen der Jugendlichen leiten zu lassen (Juen, 2002).

2.4 Rituale

Handlungsmöglichkeiten entkräften das Hilflosigkeitsgefühl und die Passivität von Betroffenen, wodurch die starke Emotionalität gesenkt werden kann. Besonders für Jugendliche ist es wichtig, dass nicht von Seiten der Erwachsenen Rituale vorgegeben werden, sondern dass sie eigene Rituale entwickeln. Jugendliche sind kreativ und entwickeln vor allem Handlungen um im Kollektiv (Peergroup) zu trauern. Schritte in der Trauerarbeit sollten rituell begleitet werden und Erinnerungsarbeit sollte als kollektive Sache angesehen werden. Bereits Studien, wie von Canacakis (1987) machten darauf aufmerksam, dass gemeinschaftliche Trauerbräuche einen "normalen" Trauerverlauf begünstigen. Beispielsweise kann eine Trauer- oder Gedenkfeier an der Schule die Gelegenheit bieten, sich im Rahmen der schulischen Gemeinschaft zu erinnern und sich zu verabschieden (vgl. Schefold, 2008). Durch das Einbeziehen der Trauerfamilie bei einer schulinternen Trauerfeier läuft man nicht Gefahr, die Beerdigung zu sehr in den Fokus einer Schulveranstaltung zu stellen. Dadurch kann sowohl der Trauer der Schulgemeinschaft als auch der Trauer der Trauerfamilie genügend Raum gegeben werden (Warger, 2014).

Da Jugendliche nach traumatischen Erfahrungen zu erhöhtem Risikoverhalten neigen, gilt es auch bei den Ritualen darauf zu achten, dass sie sich nicht selbst in Gefahr begeben. Hier gilt es zu überlegen, wie man dem Wunsch der Jugendlichen nachkommen kann, ohne dass sie sich dabei selbst gefährden (z.B. beim Aufsuchen einer gefährlichen Unglücksstelle).

2.5 Zurückfinden in den Alltag

Es müssen trotz des außergewöhnlichen Ereignisses auch weiterhin Grenzen aufgezeigt werden, Ablenkung geboten werden und Alltagsroutinen wieder einkehren (Jones, 2008).

Wenn sogenannte Sonderregelungen für einzelne Jugendliche eingeräumt werden (z.B. Schwester der/des Verstorbenen oder Zeug/innen des Unfalls möchten in den ersten Tagen nicht in die Schule gehen) müssen gleichzeitig zeitliche Begrenzung beachtet und auf eine Rückkehr in den Alltag geachtet werden.

In der Regel kehrt früher als erwartet eine bestimmte Alltagsroutine in das Klassenzimmer zurück, allerdings bedeutet dies nicht, dass die Folgen des traumatischen Erlebnisses nicht wiederholt über einen sehr langen Zeitraum spürbar werden, die es von Seiten der Lehrpersonen aufzufangen gilt. Im Umgang mit Jugendlichen nach einem Todesfall ist es wichtig Gesprächsbereitschaft zu vermitteln und ein Vertrauen zu schaffen, jederzeit ihre Gefühle und Gedanken äußern zu dürfen (Eckardt, 2005; Zenere, 2004).

2.6 Besonderheiten für schulexterne Helfer/innen

Im System Schule haben externe Helfer/innen das primäre Ziel die voneinander abhängigen Subsysteme (Lehrpersonen, Schulpersonal, Eltern, ...) zu unterstützen um ihre unterschiedlichsten Ressourcen zu aktivieren und sich gegenseitig durch die Krise helfen zu können (vgl. Sotzko, 2013). Krisen im Kontext Schule stellen laut Schefold (2008) immer auch eine Erschütterung der sozialen Ordnung dar, die zu Orientierungsproblemen führt und einen Bedarf an Kommunikation erfordert. Schulinterne Krisenteams und/oder schulexterne Helfer/innen können die Schule darin unterstützen soziale Ordnung wiederzugewinnen, indem sie Kommunikationsmöglichkeiten öffnen und Gesprächsmöglichkeiten, Unterstützung in der Koordination und im Situationsmanagement bieten (Schefold, 2008).

Ein bedürfnisorientiertes Intervenieren erfordert viel Sensibilität und Flexibilität im Umgang mit den Betroffenen sowie im Kontext Schule auch einer Anpassung am System und einem Coaching auf verschiedenen Ebenen. Ein authentisches Auftreten ist hier sehr wichtig. Die Interventionen orientieren sich einerseits an den kontextuellen Bedingungen, an den Reaktionen und den Bedürfnissen der Betroffenen, und andererseits haben sie einen großen Einfluss hinsichtlich der daraus resultierenden Konsequenzen für zukünftige Situationen (präventiver Aspekt).

Während für die Schulleitung ein Coaching hinsichtlich der Planung erster Schritte fundamental ist, brauchen Lehrpersonen ein Coaching zum Überbringen schlechter Nachrichten sowie zum Umgang mit den Schüler/innen. Nicht nur der Informationsgehalt, sondern vor allem auch die Art und Gestaltung der Überbringung ist sehr wichtig (vgl. Sotzko, 2013).

Falls zeitlich machbar, wäre es empfehlenswert den Lehrpersonen zur Orientierung ein schriftliches Informationsblatt mitzugeben. In Ausnahme- bzw. Stresssituationen kann dies eine sehr wichtige Stütze darstellen (vgl. Poland, 2005) und das Sicherheitsgefühl sowie Handlungsfähigkeit fördern und stärken. Zeitgleich ist es ein gutes Hilfsmittel, um für eine einheitliche Informationsweitergabe zu sorgen und Gerüchten entgegen zu arbeiten. Das Lehrer/innencoaching zum Umgang mit betroffenen Jugendlichen vermittelt Offenheit in Bezug auf das Ereignis, aber betont gleichzeitig die Wichtigkeit von Rückzugs-, Handlungs- und Entscheidungsmöglichkeiten. Es gilt sich nicht aufzudrängen und vor allem die Gruppe an dem Punkt abzuholen, an dem sie gerade steht, zu informieren, Fragen stellen erlauben und Handlungsmöglichkeiten bieten. Aus den Ergebnissen von Warger (2014) wird klar ersichtlich, dass der Fokus von Schüler/innengruppe zu Schüler/innengruppe unterschiedlich sein kann und flexibel und vor allem sensibel auf die Bedürfnisse der Gruppe eingegangen werden muss. Das kann bedeuten, dass bei ein- und derselben Krisensituation eine Gruppe von Betroffenen vor allem Antworten auf Ihre Fragen benötigt, während eine andere Gruppe relativ schnell in die Handlung übergeht (Rituale) und nur wenige Fragen stellt.

Todesfälle von Schüler/innen erfordern von schulexternen Fachpersonen vor allem Systemanpassung und Coaching im Hintergrund auf verschiedenen Ebenen (Schulleitung, Schul- und Lehrpersonen, Schüler/innen, Eltern) (vgl.

Sotzko, 2013). Die Umwelt der Kinder und Jugendlichen nach einem Todesfall, wie beispielsweise die Reaktionen von Bezugspersonen (wie von Lehrpersonen, Eltern, Gleichaltrigen-Gruppe) haben großen Einfluss auf deren Umgang mit dem Erlebten (Stuber et al., 1997). Laut Masten (2001) brauchen Kinder und Jugendliche nach traumatischen Ereignissen gewöhnliche Freund/innen und Bezugspersonen um ihnen Emotionsausdruck und -regulation, Normalität, Ressourcen, Schutz bzw. Sicherheit und auch Grenzen zu vermitteln. Externe Helfer/innen können durch Coaching Lehrpersonen, Eltern etc. darin unterstützen, ihrer Rolle und Aufgaben trotz außergewöhnlichem Ereignis gerecht zu werden. Psychosoziale Interventionen in Systemen wie der Schule, sollten den Fokus nicht nur auf einzelne Personen, sondern vor allem auf die beteiligten Systeme und deren Zusammenspiel richten. Die Hauptaufgabe externer Helfer/innen liegt darin, das System Schule dahingehend zu unterstützen, wieder seine Funktionalität und Handlungsfähigkeit zu erhalten, welche durch einen Todesfall oft zwischenzeitlich zusammenbricht. Sotzko (2013) spricht hier von einem sogenannten Resilienz-Coaching, was eine "kurzfristige und rasche Unterstützung für soziale Systeme nach psychischen und physischen Notfällen" darstellt mit dem Ziel "die Führungskräfte, die betroffenen Teams und relevante Schnittstellen zu stabilisieren und/oder deren Arbeitsfähigkeit wieder herzustellen" (S. 59). Sotzko (2013) bringt den Fokus externe Hilfestellung mit der Metapher "die große Kunst, die zweite Geige zu spielen" gut auf den Punkt.

Im schulischen Kontext gehen mit psychosozialen Interventionen auch verschiedene wesentliche organisatorische Interventionen einher: ein strukturiertes Vorgehen Bedarf an guter Koordination, Kooperation und klarer Aufgaben- und Rollenverteilung.

Externe Helfer/innen unterstützen beim Planen erster Schritte, was das Vertrauen der Bezugspersonen stärken kann, die Zukunft in kleinen Schritten bewältigen zu können (Juen et al., 2013). Ein übereifriges Agieren und/oder Aufdrängen von Seiten externer Helfer/innen ist in solchen Situationen kontraproduktiv, da ein gekonntes Aktivieren internaler und externaler Ressourcen der Bezugspersonen sowohl das Sicherheitsgefühl, die Verbundenheit als auch die selbst- und kollektive Wirksamkeit stärken kann. Dies entspricht auch dem Förderungsgedanken von Resilienz. "Dabei ist es ein zentraler Punkt, die Betroffenen als handlungs- und entscheidungsfähig sowie als funktionierender Teil einer größeren sozialen Gemeinschaft zu betrachten bzw. betroffene Systeme als prinzipiell funktionsfähig anzusehen" (Juen et al., 2013, S. 149).

Externe Helfer/innen beschreiben Betreuungen von Schulen beim Todesfall eines/r Schülers/Schülerin als besondere Herausforderung, da es ein System in einer Ausnahmesituation hinsichtlich organisatorischer und psychosozialer Anforderungen zu unterstützen gilt (Warger, 2014). Hinzu kommen Gruppenbetreuungen, welche im Unterschied zu Einzelsettings eine wesentliche höhere Eskalationswahrscheinlichkeit in sich bergen. Außerdem können Todesfälle von Kindern bzw. Jugendlichen bei externen Helfer/innen eine größere Betroffenheit auslösen. Es handelt sich um eine komplexe Betreuungslage, welche vor allem einen großen organisatorischen, koordinativen und kooperativen Aufwand mit sich bringt. Auch externe Helfer/innen brauchen somit eine/n Koordinator/in bei welchem/r alle Fäden zusammen laufen um den Überblick über die Situation zu wahren (vergleichbar mit der Funktion der Schulleitung). Aus diesem Grund ist eine enge Zusammenarbeit zwischen dem/der Koordinator/in externer Hilfskräfte (z.B. Leiter/in des Kriseninterventionsteams) und der Schulleitung von großer Bedeutung. Denn auch die Unterstützung externer Ressourcen bedarf eines sehr strukturierten und organisierten Vorgehens.

Je nach Ereignis sind externe Helfer/innen mit zusätzlichen Herausforderungen konfrontiert. Normalerweise besteht beispielsweise zwischen der Betreuung der direkt betroffenen Familie und der betroffenen Schule eine räumliche Distanz, doch bei Todesfällen innerhalb der Schule kommt es sehr zeitnah zum Zusammentreffen, was für externe Helfer/innen je nach Situation und Verfassung der Beteiligten eine schwierige Situation darstellen kann. Zudem wird eine Abschirmung der Schüler/innen vom Unglücksort oft schwierig und bedarf eines großen organisatorischen Aufwandes. Zusätzlich ist mit einer eventuell großen Anzahl an Zeug/innen des Ereignisses zu rechnen, die in der Regel einer besonderen Betreuung bedürfen. Hinzu kommen die polizeilichen Befragungen, mit welchen die Zeug/innen konfrontiert sind. Im Unterschied zu Todesfällen außerhalb der Schule besteht in diesem Fall nicht wirklich eine Vorbereitungsspanne und somit ein noch viel größerer Zeit-, Handlungs- und Entscheidungsdruck.

3 Vorbereitungsmöglichkeiten für Schulen im Umgang mit Tod und Trauer

3.1 Prävention ist essentiell

Eine gute Prävention erhöht und verstärkt Bewältigungsstrategien der/des Einzelnen, aber auch der Schule als System. Eine gute Vorbereitung kann das meist große Überforderungsgefühl in der Akutsituation schmälern und vorbereitete Checklisten können eine wichtige Orientierungshilfe durch die Krisensituation darstellen. Der Schule sind im Idealfall innerschulische und schulexterne Ressourcen bekannt und sie können im Notfall dem System Schule entsprechend eingesetzt werden. Für eine gute Krisenintervention in der Schule bei einem Todesfall eines/r Schülers/Schülerin muss das Zusammenspiel aller Subsysteme passen um alle potentiellen Ressourcen bestmöglich nutzen zu können. Durch die klare Aufgaben- und Rollenverteilung gelingt es in eine chaotische, unübersichtliche Akutsituation schnellstmöglich Struktur hinein zu bekommen.

Es zeigt sich zum Beispiel, dass sich bei Menschen die ein Training im Umgang mit Krisensituationen erhalten (z.B. Einsatzkräfte), ihre Handlungsmöglichkeiten bei Krisenfällen anders darstellen, als bei Menschen ohne Trainings. Die Ausbildung eines sogenannten "Krisenteams", "Careteams", "innerschulischen Krisenteams" an der Schule ist ein wesentlicher Schritt in der Prävention. Schulleitung und Lehrpersonen sollten ein Basiswissen zu den Reaktionen von Schüler/innen auf traumatische Ereignisse und potentiellen Interventionsmöglichkeiten ihrerseits haben sowie ein Wissen darüber auf ihr eigenes Stressmanagement zu achten (vgl. Goodman et al., 2004). Das Ziel liegt darin die Kompetenzen einer Schule im Umgang mit Schüler/innen in Krisensituationen zu stärken (IASC, 2007).

Sowohl in der Literatur als auch aus den Untersuchungsergebnissen der Autorin wird die große Bedeutung der Prävention ersichtlich. Für komplexe Betreuungssituationen, wie Notfälle an Schulen, ist eine Prävention anhand von Materialkisten (mit beispielsweise Utensilien für potentielle Rituale, Checklisten etc.) wesentlich (Karutz & Lassoga, 2008).

Materialien, Trainingsprogramme, Checklisten sind zentrale Elemente um für Krisensituationen erforderliches methodisches und systematisches Verhalten vorzubereiten und zu erlernen. "Neben einer kognitiven Vermittlung der entsprechenden Inhalte ist es notwendig, Verfahren zu entwickeln, wie diese in Verhalten umgesetzt werden könnten" (Lassoga & Gasch, 2008, S. 24).

Das Ziel liegt im Erlernen von Grundsätzen einer sogenannten "Psychischen Erste Hilfe", die allerdings nicht ein Ersatz für entsprechende Fachpersonen darstellen soll. Das Bilden eines innerschulischen Krisenteams hat neben dem präventiven vor allem einen unterstützenden Charakter unter Kolleg/innen. Ein innerschulisches Krisenteam kann zudem als Kolleg/innenhilfe, als ein sogenanntes Peersystem für Lehrpersonen (Kolleg/innen unter Kolleg/innen) angesehen werden. Aus den Untersuchungsergebnissen wird das große Bedürfnis und die Wichtigkeit in solchen Ausnahmesituationen als Team fungieren zu können nicht nur auf Lehrer/innenebene, sondern vor allem auch auf Schulleitungsebene betont. Besonders die wichtige Rolle der Schulleitung als Dreh- und Angelpunkt in Krisensituationen spiegelt sich in der Notwendigkeit wieder, bereits präventiv stellvertretende Leitungspersonen zu definieren, falls in der Akutsituation die Schulleitung (z.B. durch Erkrankung, Fortbildung, ...) nicht anwesend sein sollte. Für Krisensituationen im System Schule ist eine transparente Informations- und Kommunikationsstruktur sowie Entscheidungs- und Handlungsspielraum von zentraler Bedeutung (vgl. Ducki, 2003).

Der Grundsatz "Prävention ist essentiell" wird beispielsweise auch hinsichtlich der modernen Informationstechniken erkennbar, welche innerhalb kürzester Zeit entweder mittels Amateur-Handyfotos oder durch Medienagenturen den Transport von Informationen um die ganze Welt ermöglichen. Der Einfluss der Mediendarstellung auf die Wahrnehmung einer Situation ist enorm und da besonders in Krisensituationen Medien als Informationslieferanten angenommen werden, kommt dem Umgang mit Medien eine große Bedeutung zu. Besonders bei Todesfällen innerhalb der Schule bzw. im Rahmen einer Schulveranstaltung ist das Medieninteresse besonders gegeben. Auch hier gilt es bereits im Vorhinein klare Aufgaben- und Rollenverteilung abzuklären und eine neuerliche, kurze aber klare Anweisung innerhalb der Schule hinsichtlich des Umgangs mit der Presse zu geben. Auch eine außerschulische Vernetzung sollte in der Prävention berücksichtigt werden.

Die Schule kann allgemein eine wesentliche Ressource für Jugendliche nach dem Verlust eines/r Mitschülers/Mitschülerin darstellen, aber daneben bestehen auch andere für Jugendliche sehr wichtige Ressourcen und Anlaufstellen (z.B. Internat, Heime, Jugendzentren etc.) zwischen welchen unter Umständen eine Vernetzung sehr nützlich sein kann. Außerschulische Angebote der Jugendarbeit zeichnen sich dadurch aus, dass sie weniger institutionalisiert sind, offene Zugänge anbieten und auf dem Prinzip der Freiwilligkeit beruhen. So kommt beispielsweise auch die zentrale Rolle von Jugendzentren und anderen für jugendliche relevante Bezugspunkte zum Vorschein.

3.2 Krisenteams an Schulen

Ein Ländervergleich im deutschsprachigen Raum zeigt, dass je nach Rahmenvorschriften und Gegebenheiten Unterschiede hinsichtlich dem Unterstützungsangebot sowie Aus- bzw. Fortbildungen von "innerschulischen Krisenteams", "Care-Teams", "Kriseninterventionsteams", ... an Schulen angeboten werden. Jedoch ist der Bedarf einer Vorbereitung auf Todesfälle im Kontext Schule mittlerweile zu großen Teilen, wenn auch nicht flächendeckend, erkannt worden.

Nicht nur in der Namensgebung unterscheiden sich innerschulische Krisenteams, sondern auch in ihrer Zusammensetzung. In der Literatur und in Ratgebern zur Thematik werden verschiedene Empfehlungen, wie sich ein schulinternes Krisenteam zusammensetzen sollte, gemacht: Sicherheitsexperte/in, Beratungslehrer/innen, Religionspädagog/innen etc. Solche schulinterne Krisenteams setzen sich je nach vorhandenen internen Ressourcen einer jeden Schule schulspezifisch zusammen. In der Regel sind allerdings mindestens folgende Rollen- bzw. Aufgabenbereiche klar vertreten: die Schulleitung, eine/n Teamkoordinator/in, verschiedene Lehrpersonen und eine/n Vertreter/in aus dem Sekretariat.

Die Schulleitung trägt auch in Krisensituationen die Gesamtverantwortung im System Schule, daher ist sie im Krisenteam unverzichtbar. Kernaufgaben von Teamkoordinator/in liegen vor allem im Krisenmanagement bzw. in der Vorsorge. Es geht darum immer wieder Fort- und Weiterbildungen sowie Teamtreffen zu organisieren. Von großer Bedeutung sind in Krisenfällen stets aktualisierte Erreichbarkeiten und Checklisten. Das Sekretariat gilt in Krisensituationen als wichtige Anlaufstelle und daher ist diese Position im Krisenteam unverzichtbar. Diese minimale Vorgabe zur Frage "wie setzt sich ein innerschulisches Krisenteam zusammen" sollte flächendeckend neben all den weiteren schulspezifischen Vertreter/innen von Lehr- bzw. Schulpersonal aus besagten Gründen übernommen werden.

Aber auch wenn es bereits ein Krisenteam an der Schule gibt, wird in der Akutsituation das Team der Situation adäquat angepasst, sprich je nach Situation und Zeitpunkt stehen womöglich nicht alle Mitglieder im Team sofort zur Verfügung. Beispielsweise sollte der Klassenvorstand der direkt betroffenen Klasse unbedingt in das Krisenteam eingebunden werden.

Je nach Ereignis bzw. Krisensituation gilt es auch abzuwägen externe Fachpersonen (Schulpsychologie, Notfallpsychologie, Feuerwehrexpert/innen etc.) zur Beratung hinzu zu ziehen. Das heißt, dass im Realfall je nach Situation eventuell externe Ressourcen zum bestehenden Krisenteam und je nach betroffener Klasse auch neue, interne Ressourcen aktiviert werden. Das Krisenteam an der Schule wird der konkret vorliegenden Krisensituation angepasst.

Oft wird fälschlicherweise angenommen, dass die Aufgabe von Kriseninterventionsteams nur in der akuten direkten Krisenintervention liegt (Poland, 2005). Die Aufgaben eines "innerschulischen Krisenteams" liegen sowohl im Krisenmanagement, als auch in der Krisenintervention. Angelehnt am dreistufigen Modell von Caplan (1964) können folgende drei Ebenen der schulischen Krisenintervention unterschieden werden (zitiert nach Poland, 2005):

(1) Prävention (Vorsorge): Darunter fällt die Entwicklung eines psychosozialen Notfallplans, das Sammeln eventuell nützlicher Materialen für die jeweilige Schule sowie die Vernetzung schulinterner und außerschulischer Ressourcen.

    Es ist wichtig, die internen Strukturen, Kommunikationswege und Abläufe sowie externe Ansprechpersonen im Vorfeld zu kennen um im Krisenfall wirklich handlungsfähig zu sein.

    Im Vorfeld erarbeitete Checklisten, Kurzübersichten, Trauerkoffer etc. können in der Akutsituation eine große Hilfe darstellen, da die Akutsituation besonders durch einen hohen Zeit- und Handlungsdruck gekennzeichnet ist. Die in diesem Handbuch angeführten Kurzübersichten und Checklisten können als eine solche Handreichung für die Akutsituation angesehen werden.

(2) Krisenintervention (Fürsorge): Das präventiv oder eben in der Krisensituation ad hoc gebildete "innerschulische Krisenteam" übernimmt in der Regel die Gesamtkoordination der Krisensituation. Ziel der Krisenintervention ist es das Hilflosigkeitsgefühl und die Verunsicherung zu reduzieren. Es geht darum eine Hilfestellung zu geben aus der unendlich, belastenden Gegenwart eine mögliche, bewältigbare Zukunftsperspektive hinzu zu geben (vgl. Unterluggauer & Kerer, 2008).

(3) Nachsorge: Eine wesentliche Aufgabe von Seiten der Schule liegt darin, "gefährdete" Schüler/innen zu erkennen und weiter zu vermitteln (IASC, 2007). Hierzu braucht es eine gute Vernetzung mit externen Ressourcen im Umfeld der Schule (z.B. zuständige psychologische Anlaufstellen), was somit auch zu den Aufgaben eines guten Krisenmanagements einer Schule gehört (Dyregrov et al., 2003). Nicht zu vergessen sind das Organisieren von Supervisionen und/oder Reflexionsterminen für das Schulpersonal.

Englbrecht & Storath (2005) sprechen in diesem Zusammenhang vom FNV-Modell: **F**ürsorge, **N**achsorge, **V**orsorge (siehe Abbildung 5).

Abbildung 5: FNV-Modell (Englbrecht & Storath, 2005).

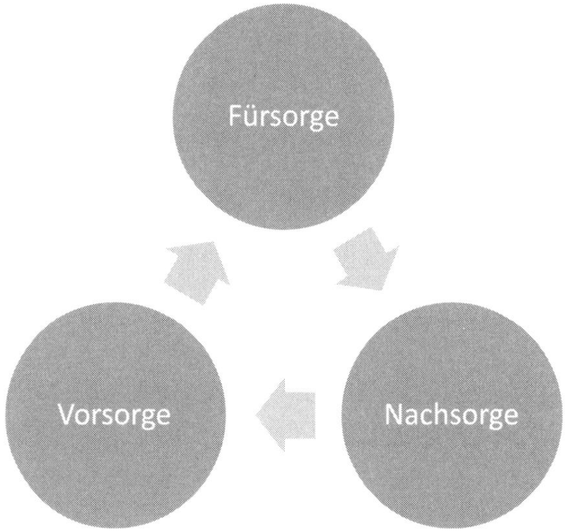

Die Schule dient als Rückzugs-, und Ablenkungsmöglichkeit sowie als Angebot gemeinsam Handlungen zu setzen und in der Gruppe zu trauern.

Ein "innerschulisches Krisenteam" besteht aus dem Schulpersonal und besonders hinsichtlich der nicht zu unterschätzenden eigenen Betroffenheit ist in Krisensituationen Teamarbeit unumgänglich. Eine Krise kann und muss nicht alleine bewältigt werden. Sich im Team Hilfe und Unterstützung zu holen ist kein Zeichen der Schwäche oder fachlicher Inkompetenz, sondern zeugt von einem professionellen Umgang mit Krisen (vgl. Unterluggauer & Kerer, 2008). Wer sich selbst in so einer Ausnahmesituation außer Acht lässt und nicht seine eigene Verfassung mitberücksichtigt, der läuft Gefahr als Helfer/in bald auszufallen und so weder für sich, noch für die Schüler/innen eine Hilfe zu sein. Im Umgang mit den Schüler/innen gilt es authentisch zu sein und in einem gewissen Maße auch eigene Gefühle zuzulassen. Hierbei ist allerdings wichtig Zuversicht auszustrahlen, dass man die Situation gemeinsam bewältigen wird (Eckardt, 2005).

Eine bewältigte Krise bringt für das gesamte Schulpersonal und vor allem für die Leitungsfunktion grundlegende Erkenntnisse über verbesserungswürdige Bereiche und über im Notfall bereits gut Funktionierendes. Schulen, die bereits die Erfahrung mit einem Todesfall eines/r Schülers/Schülerin gemacht haben, kennen besser ihre innerschulischen und externen Ressourcen für den Notfall und investieren viel mehr in die Prävention. Prävention beispielsweise durch das

Bilden eines innerschulischen Krisenteams mit klaren Rollen- und Aufgabenverteilungen, durch allgemeine Fortbildungen zum Umgang mit Krisen an Schulen, durch eine regelmäßige Überprüfung aller notwendigen Notrufnummern und Anlaufstellen, durch die Erarbeitung von Checklisten mit den wesentlichsten Handlungsanweisungen für die Akutsituation, durch die Erarbeitung von Vordrucken für den Notfall (Elternbrief) oder auch durch die Gestaltung eines Krisenkoffers mit nützlichen Utensilien (z.B. Kerzen, Tischdecken, Trauerkarten, Gebete, ...).

Die Krisenkompetenz einer Schule lässt sich aus dem Wissen und Können in der Vor-, Für- und Nachsorge erkennen (Englbrecht et al., 2004). Sie kann zusammengefasst werden, als das Wissen über eine gute Prävention einer Krise, was zu einer situationsangepassten Handlungsfähigkeit in der Krisensituation führt, das Wissen über potentielle Folgen einer Krise, auch im Nachhinein mit einer Krise umgehen zu können und dabei nicht die eigene Psychohygiene zu vergessen.

Das Gefühl der Krisenkompetenz steigt im Normalfall durch eine bewältigte Krise!

"Krise kann ein produktiver Zustand sein.
Man muss ihr nur den Beigeschmack der Katastrophe nehmen."
(Max Frisch)

IX Literatur

Agger, I. (DRC) (2004). *Fram ework for School-Based Psychosocial Support Programmes for Children – PSPC. Guidelines for Initiation of Programmes. Final Report.* Retrieved from http://psp.drk.dk/graphics/2003referencecenter/Doc-man/Documents/9Educational%20services/DRCS.PSP.schoolbased.pdf

American Psychiatric Association (APA) (2013). *Diagnostic and statistical manual of mental disorders* (5th ed.). Washington, D.C.: APA.

Annan, J., Castelli, L., Devreux, A. & Locatelli, E. (2003). *Training Manual for Teachers. Uganda: AVSI.* Retrieved from http://www.avsi.org/wp-content/uploads/2011/09/5aTrainingManualTeachers.pdf

Antonovsky, A. (1979). *Health, stress, and coping. New perspectives on mental and physical well-being.* San Francisco: Jossey-Bass.

Baacke, D. (2003). *Die 13- bis 18- Jährigen. Einführung in die Probleme des Jugendalters* (8. überarb. Aufl.). Weinheim: Beltz.

Bal, S., Crombez, G., Van Oost, P. & Debourdeaudhuij, I. (2003). The role of social support in well-being and coping with self-reported stressful events in adolescents. *Child Abuse & Neglect, 27*(1), 1377-1395.

Bänninger-Huber, E. & Widmer, C. (1996). A new model of the elicitation, phenomenology, and function of emotions in psychotherpay. In N.H. Frijda (Ed.), *Proceedings of the IXth Conference of the International Society for Research on Emotions* (pp.251-254). Thoronto: ISRE.

Bänninger-Huber, E. & Widmer, C. (1997). Patterns of interaction and psychotherapeutic change. In H. Kächele, E. Mergenthaler & R. Krause (Eds.), *Psychoanalytic process strategies II: twelve years later* [CD]. 20th Ulm Workshop of Empirical Research Strategies, University of Ulm, June 19-21, 1997.

Bedar, A. (n.d.). *Psychosocial Support Training Module For Teachers. Building The Capacity Of Teachers To Provide Psychosocial Support To The Children In October 8th 2005 Earthquake-Affected Areas.* Pakistan: Rozan.

Benight, C. C., Freyaldenhoven, R., Hughes, J., Ruiz, J. M., Zoesche, T. A., & Lovallo, W. (2000). Coping self-efficacy and psychological distress following the Oklahoma City Bombing: A longitudinal analysis. *Journal of Applied Social Psychology, 30,* 1331–1344.

Benight, C.C. (2004). Collective efficacy following a series of natural disasters. *Anxiety, Stress, and Coping, 17*(4), 401-420.

Berk, L. E. (2005). *Entwicklungspsychologie* (3. aktual. Aufl.). München: Pearson.

Bevan, P., Williams, R., Kemp, V., Alexander, D., Hacker Hughes, J. & Rooze, M. (2008). *Psychosocial Care for People Affected by Disasters and Major Incidents. A Model for Designing. Delivering and Managing Psychosocial Services for People Involved in Major Incidents, Conflict, Disasters and Terrorism. (NATO-Guidelines). NATO – OTAN.* Retrieved from https://www.coe.int/t/dg4/majorhazards/ressources/virtuallibrary/materials/Others/NATO_Guidance_Psychosocial_Care_for_People_Affected_by_Disasters_and_Major_Incidents.pdf

Bischof-Köhler, D. (2011). *Soziale Entwicklung in Kindheit und Jugend. Bindung, Empathie, Theory of Mind.* Stuttgart: Kohlhammer.

Bisson, J. &. Tavakoly B. (2008). *The Tents Guidelines. Psychosocial care following disaster and major incidents.* Wales: Cardiff University. Retrieved from http://www.tentsproject.eu

Bisson, J.I. & Lewis, C. (2009). *Systematic Review of Psychological First Aid.* Geneva: WHO. Retrieved from http://mhpss.net/?get=178/1350270188-PFASystematicReviewBissonCatrin.pdf

Blakemore, S.-J. (2008). The social brain in adolescence. *Nature reviews, Neuroscience, 9*, 267-277.

Boin, A., 't Hart, P., Stern, E. & Sundelius, B. (2005). *The politics of crisis management: public leadership under pressure.* Cambridge University Press.

Bolton, D., O´Ryan, D., Udwin, O., Boyle, S. & Yule, W. (2000). The Long-term Psychological Effects of a Disaster Experienced in Adolescence: II: General Psychopathology. *Journal of Child Psychology and Psychiatry, 41*(4), 513-523.

Bonanno, G.A., Galea, S., Bucciarelli, A. & Vlahov, D. (2006). Psychological resilience after disaster. New York City in the aftermath of the September 11th terrorist attack. *Psychological Science, 17*(3), 181-6.

Bowlby, J. (1983). *Verlust, Trauer und Depression.* Frankfurt/Main: Fischer Taschenbuch.

Brauchle, G., Erckert, V., Erny, H., Franz, M., Goerlich-Koch, A., Randegger, C., Robertz, F.J., Schlögl, F. & Wyss, H. (2009). *Krisen Kompass. Handbuch für Lehrkräfte und Schulleitungen zum Umgang mit schweren Krisen im Kontext Schule.* Bern: Schulverlag.

Brent, D., Melhem, N., Donohoe, M. B. & Walker, M. (2009). The Incidence and Course of Depression in Breaved Youth 21 Months After the Loss of a Parent to Suicid, Accident, or Sudden Natural Death. *American Journal of Psychiatry, 166*(7), 786-794.

Brewin, C. R., Scragg, P., Robertson, M. Thompson, M., D´Adrenne, P. & Ehlers, A. (2008). Promoting Mental Health Following the London Bombings: A Screen and Treat Approach. *Journal of Traumatic Stress, 21*(1), 3-8.

Bundesamt für Bevölkerungsschutz und Katastrophenhilfe (BBK) (Hrsg.). (2012). *Psychosoziale Notfallversorgung: Qualitätsstandards und Leitlinien Teil I und II* (3. Aufl.). Bonn: Bundesamt für Bevölkerungsschutz und Katastrophenhilfe (BBK). Verfügbar unter http://www.bbk.bund.de/SharedDocs/Downloads/BBK/DE/Publikationen/Praxis_Bevoelkerungsschutz/Band_7_Praxis_BS_PSNV_Qualit_stand_Leitlinien_Teil_1_2.pdf?__blob=publicationFile

Burnett, S., Bird, G., Moll, J., Frith, Ch. & Blakemore, S.-J. (2009). Development during Adolescence of the Neural Processing of Social Emotion. *Journal of Cognitive Neuroscience, 21*(9), 1736–50.

Canacakis, J. (1987). *Ich sehe deine Tränen.* Stuttgart: Kreuz Verlag.

Caplan, G. (1961). *Prevention of Mental Disorders in Children.* New York, NY: Basic Books.

Caplan, G. (1964). *Principles of Preventive Psychiatry.* New York, NY: Basic Books.

Carver, C. S. & Scheier, M. F. (1998). *On the Self-Regulation of Behavior.* New York, NY: Cambridge University Press.

Centre for Mental Health in Schools at UCLA (2008). *Responding to Crisis at a School.* Los Angeles, C.A.: Author. Retrieved from http://smhp.psych.ucla.edu/pdfdocs/crisis/crisis.pdf

Cohen, J.A., Mannarino, A.P. & Deblinger, E. (2006). *Treating Trauma and Traumatic Grief in Children and Adolescents.* New York, NY: The Guilford Press.

Crisp, J., Talbot, C. & Cipollone, D. (Eds.). (2001). *Learning for a Future: Refugee Education in Developing Countries.* Geneva: UNHCR. Retrieved from http://www.unhcr.org/pubs/epau/learningfuture/prelims.pdf

D'Amelio, R., Archonti, C., Falkai, P. & Pajonk, F. (2006). Psychologische Konzepte und Möglichkeiten der Krisenintervention in der Notfallmedizin. *Notfall- und Rettungsmedizin, 9,* 194- 204.

Dollard, J., Miller, N. E., Doob, L. W., Mowrer, O. H. & Sears, R. R. (1939). *Frustration and Aggression.* New Haven: Yale University Press.

Dopp, A. R. & Cain, A.C. (2012). The Role of Peer Relationships in Parental Bereavement During Childhood and Adolescence. *Death Studies, 36,* 41-60.

Dreher, E. (2010). Jugendalter verstehen. Eine entwicklungspsychologische Skizze. *Jugend inside, 1*(10), 3-5.

Ducki, A. (2003). Prävention in Betrieben. In M. Jerusalem, H. Weber (Hrsg.), *Psychologische Gesundheitsförderung: Diagnostik und Prävention* (S. 499-514). Göttingen: Hogrefe.

Dufour, C., Grünewald, F. & Levy, K. (URD) (2003). Participation and Education. In C. Byrne (ALNAP) (Ed.), *Participation by Crisis-Affected Populations in Humanitarian Action. A Handbook for Practitioners* (pp. 331-342). London: Overseas Development Institute. Retrieved from http://www.alnap.org/pool/files/gs_handbook.pdf

Dybdal, A.-S. (2007). *School Based Psychosocial Programme in Jenin District, Palestine AT/OT West Bank. Baseline Study for Jenin.* Mission for Palestinian Red Crescent and French Red Cross, November 2006.

Dyregrov, A. & Yule, W. (2006). A Review of PTSD in Children. *Child and Adolescent Mental Health, 11*(4), 176-184.

Dyregrov, A., Frykholm, A.-M., Lilled, L., Broberg, A. G. & Holmberg, I. (2003). The Göteborg discothèque fire, 1998. *Scandinavian Journal of Psychology, 44,* 449-457.

Eckardt, J. (2005). *Kinder und Trauma. Was Kinder brauchen, die einen Unfall, einen Todesfall, eine Katastrophe, Trennung, Missbrauch oder Mobbing erlebt haben.* Göttingen: Vandenhoeck & Ruprecht.

Eder, F. (1996). *Schul- und Klassenklima: Ausprägungen, Determinanten und Wirkungen des Klimas an höheren Schulen.* Innsbruck: Studien-Verlag.

Ehlers, A., Hackmann, A. & Michael, T. (2004). Intrusive re-experiencing in post-traumatic stress disorder: phenomenology, theory, and therapy. *Memory, 12* (4), 403-15.

Englbrecht, A. & Storath, R. (2005). *Erziehen: Handlungsrezepte für den Schulalltag in der Sekundarstufe. In Krisen helfen.* Berlin: Cornelsen Verlag.

Englbrecht, A., Hirschmann, N., Meißner, B. & Storath, R. (2004). *Krisenmanagement in Schulen. Umgang mit Krisensituationen, Gewalt und Tod.* Forum Schulpsychologie (14. Band). Bad Windsheim: Landesverband Bayrischer Schulpsychologen.

Erikson, E. H. (1963). *Childhood and society.* New York, NY: Norton.

Evangelisch-Lutherische Kirche & Katholisches Schulkommissariat in Bayern (2008). *Wenn der Notfall eintritt. Handbuch für den Umgang mit Tod und anderen Krisen in der Schule.* München: Katholisches Schulkommissariat in Bayern.

Fegert, J.M., Dieluweit, U., Thurn, L., Ziegenhein, U. & Goldbeck, L. (2010). Einleitung: Traumatisierte Kinder und Jugendliche in Deutschland. Aktuelle Situation, Problembereiche, Versorgung. In J.M. Fegert, U. Ziegenhain & L. Goldbeck (Hrsg.), *Traumatisierte Kinder und Jugendliche in Deutschland. Analysen und Empfehlungen zu Versorgung und Betreuung.* Weinheim: Juventa Verlag.

Fischer, G., Riedesser, P. (2003). *Lehrbuch der Psychotraumatologie* (3. aktual. u. erw.. Aufl.). München: Ernst Reinhardt.

Foa, E. B., Keane, T. M. & Friedman, M. J. (2000). *Effective Treatments for PTSD: Practice Guidelines from the International Society for Traumatic Stress Studies.* New York, NY: Guilford Press.

Franz, H. J. (1986). *Bewältigung gesundheitsgefährdender Belastungen durch soziale Unterstützung in kleinen Netzen. Überlegungen zur Relevanz eines sozialepidemiologischen Forschungsansatzes für das Erziehungswesen.* Konstanz: Hartung-Gorre Verlag.

Frears, L. H., & Schneider, J. M. (1981). Exploring loss and grief within a wholistic framework. *The Personnel and Guidance Journal, 59*(6), 341-345.

Frydenberg, E. (2008). *Adolescent Coping. Advances in Theory, Research, and Practice.* New York, NY: Psychology Press.

Garcia, C. (2010). Conceptualization and measurement of coping during adolescence: A review of the literature. *Journal of Nursing Scholarship, 42*(2), 166-185.

Glaser, B.G. & Strauss, A.L. (1967). The discovery of grounded theory: strategies for qualitative research. Chicago, IL: Aldine.

Goenjian, A. K., Karayan, I., Pynoos, R. S., Minassian, D., Najarian, L. M., Steinberg, A. M. & Fairbanks, L. A. (1997). Outcome of psychotherapy among early adolescents after trauma. *American Journal of Psychiatry, 154*(4), 536-42.

Goenjian, A. K., Walling, D., Steinberg, A. M., Karayan, I., Najarian, L. M., Pynoos, R. (2005). A prospective study of posttraumatic stress and depressive reactions among treated and untreated adolescents 5 years after a catastrophic disaster. *American Journal of Psychiatry, 162*(12), 2302-8.

Goldbrunner, H. (2003). Trauer von Kindern. In A. Krenz (Hrsg.), *Handbuch für ErzieherInnen* (S.1-18). München: Olzog Verlag.

Goodman, R. F., Cohen, J., Epstein, C., Kliethermes, M., Layne, Ch., Macy, R. & Ward-Wimmer, D. (2004). *Childhood Traumatic Grief. Educational Materials for school personnel.* Los Angeles: The National Child Traumatic Stress Network. Retrieved from http://www.nctsn.org/sites/default/files/assets/pdfs/schools_package.pdf

Hansen, P. (IFRC Reference Centre for Psychosocial support) (2009). *Psychosocial intervention.* A handbook. Copenhagen: International Federation of Red Cross and Red Crescent Societies Reference Centre for Psychosocial Support. Retrieved from http://reliefweb.int/sites/reliefweb.int/files/resources/26BDA45957AE705EC12575C9004392D8-IFRC_Jun2009.pdf

Hardy, S. A., Bhattacharjee, A., Reed, A. & Aquino, K. (2010). Moral identity and psychological distance: The case of adolescent parental socialization. *Journal of Adolescence, 33*, 111–123.

Hobfoll, S. E., Watson, P., Bell, C. C., Bryant, R. A., Brymer, M. J., Friedman, M. J., Friedman, M., Gersons, P. R., De Jong, J. T. V. M., Layne, C. M., Maguen, S., Neria, Y., Norwood, A. E., Pynoos, R. S., Reissman, D., Ruzek, J. I., Shalev, A. Y., Solomon, Z., Steinberg, A. M., Ursano, R. J. (2007). Five Essential Elements of Immediate and Mid-Term Mass Trauma Intervention. Empirical Evidence. *Psychiatry, 70*(4), 283–315.

Holmes, E.A., Grey, N. & Young, K.A.D. (2005). Intrusive images and "hotspots" of trauma memories in Posttraumatic Stress Disorder: an exploratory investigation of emotions and cognitive themes. *Journal of Behavior Therapy and Experimental Psychiatry, 36*(1), 3-17.

Horowitz, M. J., Bonnano, G. A., Holen, A. (1993). Pathological grief: diagnosis and explanation. *Psychosomatic Medicine, 55*(3), 260–73.

Horowitz, M. J., Siegel, B., Holen, A., Bonanno, G. A., Milbrath, C., Stinson, C. H. (1997). Diagnostic criteria for complicated grief disorder. *American Journal of Psychiatry, 154*(7), 904–10.

Howarth, R. A. (2011). Concepts and Controversies in Grief and Loss. *Journal of Mental Health Counselling, 33*(1), 4-10.

Inter-Agency Standing Committee (IASC) (2007). *IASC Guidelines on Mental Health and Psychosocial Support in Emergency Settings.* Geneva: IASC. Retrieved from http://www.who.int/mental_health/emergencies/guidelines_iasc_mental_health_psychosocial_june_2007.pdf

Jacobs, S. & Douglas, L. (1979). Grief: A mediating process between loss and illness. *Comprehensive Psychiatry, 20*, 165-176.

Janoff-Bulman, R. (1992). *Shattered assumptions: Towards a new psychology of trauma.* New York: The Free Press.

Jones, J. L. (2008). Freak Out or Melt Down. Teen Responses to Trauma and Depression. *Young Adult Library Services, 7*(1), S.30-34.

Juen, B. & Siller, H. (2012). Die Wirksamkeit psychosozialer Unterstützung. In B. Juen, & D. Kratzer (Hrsg.), *Krisenintervention und Notfallpsychologie. Ein Handbuch für KriseninterventionsmitarbeiterInnen und psychosoziale Fachkräfte* (S. 217- 226). Innsbruck: Studia Universitätsverlag.

Juen, B. (2002). *Krisenintervention bei Kindern und Jugendlichen. Ein Handbuch für psychosoziale Fachkräfte.* Innsbruck: Studia Universitätsverlag.

Juen, B. (2012). Trauer. In B. Juen & D. Kratzer (Hrsg.), *Krisenintervention und Notfallpsychologie. Ein Handbuch für KriseninterventionsmitarbeiterInnen und psychosoziale Fachkräfte* (S. 17-26). Studia Universitätsverlag: Innsbruck.

Juen, B., Siller, H. & Nindl, S. (2013). Resilienzförderung in Notfallsituationen. *Psychologie in Österreich, 33*(2), 144-151.

Juen, B., Warger, R., Juen, F., Siller, H., Henzinger, H., Lehner, H., Höfle, M. & Eller, F. (2009). *Krisenintervention in der Schule: Webbasierte Handmappe mit Checklisten für Lehrkräfte.* Wien: Gewerkschaft öffentlicher Dienst.

Kaplow, J. B., Layne, C. M., Pynoos, R. S., Cohen, J. A. & Liebermann, A. (2012). DSM-V Diagnostic Criteria for Bereavement Related Disorders in Children and Adolescents: developmental considerations. *Psychiatry, 75*(3), 243-66.

Karutz, H. & Lassoga, F. (2008). *Kinder in Notfällen. Psychische Erste Hilfe und Nachsorge.* Edewecht: Stumpf und Kossendey.

Kast, V. (1999). Trauern. *Phasen und Chancen des psychischen Prozesses.* Stuttgart: Kreuz Verlag.

Kendall, J. (2004). *Classroom Crisis. The teacher's guide. Quick and Proven Techniques for Stabilizing Your Students and Yourself.* Alameda: Hunter House.

Klass, D., Silverman, P. R., & Nickman, S. (Ed.). (1996). *Continuing Bonds. A New Understanding of Grief.* Washington, DC: Taylor & Francis.

Knebel, A. & Seiffge-Krenke, I. (2007). Veränderungen in der Stresswahrnehmung und Stressbewältigung im Jugendalter. In I. Seiffge-Krenke & A. Lohaus (Hrsg.), *Stress und Stressbewältigung im Kindes- und Jugendalter* (S. 111-125). Göttingen: Hogrefe.

Kübler-Ross, E., & Kessler, D. (2005). *On grief and grieving: Finding the meaning of grief through the five stages of loss.* New York, NY: Scribner.

Laireiter, A. (1993). *Soziales Netzwerk und soziale Unterstützung. Konzepte, Methoden und Befunde.* Bern: Verlag Hans Huber.

Landolt, M. A. (2004). *Psychotraumatologie des Kindesalters.* Göttingen: Hogrefe.

Lassoga, F. & Gasch, B. (Hrsg.). (2008). *Notfallpsychologie. Lehrbuch für die Praxis.* Heidelberg: Springer.

Lazarus, R. S. & Folkman, S. (1984). *Stress, appraisal and coping.* New York, NY: Springer.

Lieberman, P. B. & Jacobs, S. C. (1987). Bereavement and its complications in medical patients: A guide for consultation-liasion psychiatrists. *International Journal of Psychiatric Medicine, 17*, 23-39.

Lindemann, E. (1985). *Jenseits von Trauer. Beiträge zur Krisenbewältigung und Krankheitsvorbeugung.* Göttingen: Verlag für Med. Psychologie im Verlag Vandenhoeck & Ruprecht.

Lindemann, E. (1994). Symptomatology and management of acute grief. *American Journal of Psychiatry, 101*(2), 141-148.

Litz, B. T. & Gray, M. J. (2002). Emotional numbing in posttraumatic stress disorder: current and future research directions. *Australian and New Zealand Journal of Psychiatry, 36*(2), 198-204.

Masten, A. S. (2001). Ordinary magic. Resilience processes in Development. *American Psychologist, 56*(3), 227-38.

Mayring, P. (2008). *Qualitative Inhaltsanalyse. Grundlagen und Techniken* (10. Aufl.). Weinheim: Beltz.

Metz, C. (2011). Die vielen Gesichter der Trauer: Anregungen zum Umgang mit Trauer und Trauernden. *Psychotherapie-Wissenschaft, 3*, 177-186.

Miller, N. E. (1941). The frustration-aggression hypothesis. *Psychological Review, 48*(4), 337-342.

Mitchell, J. T. & Everly, G. S. (1998). *Stressbearbeitung nach belastenden Ereignissen (SBE): Ein Handbuch zur Prävention psychischer Traumatisierung in Feuerwehr, Rettungsdienst und Polizei.* Wien: Stumpf und Kossendey.

Mollica, R. F., Cardozo, B. L., Osofsky, H. J., Raphael, B., Ager, A., & Salama, P. (2004). Mental health in complex emergencies. *Lancet, 364*, 2058–2067.

Neimeyer, R. A., Baldwin, S. A. & Gillies, J. (2006). Continuing Bonds and Reconstructing Meaning: mitigating complications in bereavement. *Death Studies, 30*(8), 715-738.

Nelson, E. E., Leibenluft, E., McClure, E. B. & Pine, D. S. (2005). The social re-orientation of adolescence: a neuroscience perspective on the process and its relation to psychopathology. *Psychological Medicine, 35*(2), 163–174.

Nicolai, S. (2003). *Education in Emergencies. A Tool Kit for Starting and Managing Education in Emergencies.* London: Save the Children. Retrieved from http://reliefweb.int/sites/reliefweb.int/files/resources/038DDBECDCAB5708C1256E24004F3B28-SaveTheChildren_EducationEmergencies.pdf

Opp, G. (1999). Schule-Chance und Risiko. In G. Opp, M. Fingerle & A. Freytag (Hrsg.), *Was Kinder stärkt. Erziehung zwischen Risiko und Resilienz* (S. 292-243). München: Ernst Reinhardt.

Paardekooper, B. P. (2001). *Children of the forgotten war.* Doctoral dissertation. Amsterdam: Vrije Universiteit.

Parkes, C. M. (2002). Grief. Lessons from the past, visions for the future. *Death Studies, 26*(5), 367-385.

Parsons, T. (1987). Die Schulklasse als soziales System (1959): einige Funktionen in der amerikanischen Gesellschaft. In K. Plake (Hrsg.), *Klassiker der Erziehungssoziologie* (S. 102-124). Düsseldorf: Schwann-Bagel.

Pasnau, R. O., Fawney, F. I. & Fawney, N. (1987). Role of the physician in bereavement. *Psychiatric Clinics of North America, 10*, 109-120.

Perrin, S., Smith, P. & Yule, W. (2000). The assessment and treatment of Post-traumatic Stress Disorder in children and adolescents. *Journal of Child Psychology and Psychiatry, 41*(3), 277-289.

Piaget, J. (1992). *Das Weltbild des Kindes.* Stuttgart: Deutscher Taschenbuch Verlag.

Poland, S. (2005). Crisis Intervention. In S.W. Lee (Eds.), *Encyclopedia of School Psychology* (p. 127-133). Thousand Oaks, CA: Sage.

Pynoos, R. S., Steinberg, A. M. & Wraith, R. (1995). A developmental model of childhood traumatic stress. In D. Cicchiti & D. J. Cohen (Eds.), *Manual of Developmental Psychopathology*. New York, NY: Wiley.

Ratnarajah, D. & Schofield, M.J. (2007). Parental Suicide and its aftermath. A review. *Journal of Family Studies, 13*, 78-93.

Rheingold, A. A., Smith, D. W., Ruggiero, K. J., Saunders, B. E., Kilpatrick, D. G. & Resnick, H. S. (2003). Loss, trauma exposure, and mental health in a representative sample of 12-17-year-old Youth. Data from the national survey of adolescents. *Journal of Loss and Trauma, 9*(1), 1-19.

Richard, K. J., & Gilliland, B. E. (2001). *Crisis Intervention Strategies* (4. ed.). Pacific Grove, PA: Brook/Cole Thompson Learning.

Romeo, R. D. & McEwen, B. S. (2006). Stress and the Adolescent Brain. *Annals of the New York Academy of Sciences, 1094*, 202–214.

Saltzman, W. R., Christopher, M. L., Alan, M., Steinberg & Pynoos, R. S. (2006). Trauma/grief-focused group psychotherapy with adolescents. In L. A. Schein, H. I. Spitz, G. M., Burlingame & P. R. Mushkin (Ed.), *Psychological effects of catastrophic disasters: Group approaches to treatment* (p. 669-730). New York, NY: Haworth.

Saß, H., Wittchen, H. U., Zaubig, M. & Houben, I. (Dt. Bearb.) (2003). *Diagnostische Kriterien des diagnostischen und statistischen Manuals psychischer Störungen –Textrevision-DSM-IV-TR.* Göttingen: Hogrefe.

Schefold, W. (2008). Eine Schule auf der Suche nach der verlorenen Ordnung: Krise, Krisenbewältigung und Sicherheit. In W. Schefold, T. Giernalczyk & H.-J. Glinka (Hrsg.), *Krisenerleben und Krisenintervention. Ein narrativer Zugang* (S. 157-168). Tübingen: dgvt-Verlag.

Schreiber, M. (2005). Learning from 9/11: Toward a National Model for Children and Families in Mass Casualty Terrorism. In Y. Daneli & R. Dingman (Eds.), On the Ground after September 11: Mental Health Responses and Practical Knowledge Gained (pp.605-609). New York: Haworth Press

Senatsverwaltung für Bildung, Wissenschaft und Forschung. Gewaltprävention und Krisenintervention an Schulen (Hrsg.). (2011). *Notfallpläne für Berliner Schulen* (2. überarb. Aufl.). Berlin: Senatsverwaltung für Bildung, Wissenschaft und Forschung. Verfügbar unter: https://www.berlin.de/imperia/md/content/sen-bildung/hilfe_und_praevention/gewaltpraevention/notfallordner.pdf?start&ts=1414756664&file=notfallordner.pdf

Shalev, A. Y., Tuval-Mashiach, R. & Hadar, H. (2004). Posttraumatic Stress Disorder as a result of mass trauma. *Journal of Clinical Psychiatry, 65*(1), 4-10.

Shuchter, R. & Zisook, S. (1993). The course of normal grief. In M. Stroebe, W. Stroebe, R. Hansson (Eds.), *Handbook of bereavement. Theory, research and intervention* (pp. 23-43). Cambridge: Cambridge University Press.

Siller, H., Exenberger, S. & Warger, R. (2013). Resilienz bei Kindern – Vorstellung einer Traumaintervention in Verbindung mit Resilienzförderung. *Psychologie in Österreich, 33*(2), 124-131.

Silove, D. & Zwi, A. B. (2005). Translating compassion into psychological aid after the tsunami. *The Lancet, 365*, 269-271.

Simons, M. & Herpertz-Dahlmann, B. (2008). Traumata und Traumafolgestörungen bei Kindern und Jugendlichen – eine kritische Übersicht zu Klassifikation und diagnostischen Kriterien. *Zeitschrift für Kinder- und Jugendpsychiatrie und Psychotherapie, 36*(3), 151-161.

Sinclair, M. (2002). *Planning Education In and After Emergencies*. Paris: UNESCO - IIEP. Retrieved from http://www.unesco.org/iiep/PDF/Fund73.pdf

Solomon, Z., Laor, N. & McFarlane, A. C. (1996). Acute post traumatic reactions in soldiers and civilians. In B. A. Van der Kolk, A. C. McFarlane & L. Weisaeth (Eds.), *Traumatic Stress. The Effects of Overwhelming Traumatic Stress Experience on Mind, Body and Society* (pp.102-114). New York: Guilford Publications.

Sonneck, G. (2000). *Krisenintervention und Suizidverhütung*. Stuttgart: UTB.

Sotzko, V. (2013). *Resilienz-Coaching oder von der Kunst, die zweite Geige zu spielen. Eine qualitative Untersuchung zur Beratung von Führungskräften in Krisensituationen*. Heidelberg: Carl-Auer Verlag.

Spear, L. P. (2000). The adolescent brain and age-related behavioral manifestations. *Neuroscience and Biobehavioral Reviews, 24*(4), 417-463.

Sphere Project (2004). *Humanitarian Charter and Minimum Standards in Humanitarian Response*. Geneva: Sphere Project. Retrieved from www.sphereproject.org/handbook/

Steil, R. & Straube, E. R. (2002). Posttraumatische Belastungsstörung bei Kindern und Jugendlichen. Überblicksarbeit. *Zeitschrift für Klinische Psychologie und Psychotherapie, 31*(1), 1-13.

Steinberg, L. D. (1993). *Adolescence* (3rd edition). New York, NY: McGraw-Hill.

Stroebe, M. & Schut, H. (1999). The dual process model of coping with bereavement: rationale and description. *Death Studies, 23*(3), 197-224.

Stroebe, M., Schut, H., & Finkenauer, K. (2001). The traumatization of grief? A conceptual framework for understanding the trauma-bereavement interface. *Israel Journal of Psychiatry, 38*, 185-201.

Stuber, M. L., Nader, K. O. & Pynoos, R. S. (1997). The violence of despair: consultation to a HeadStart program following the Los Angeles uprising of 1992. *Community Mental Health Journal, 33*(3), 235-41.

Tamres, L. K., Janicki, D., & Helgeson, V. S. (2002). Sex differences in coping behavior: A meta-analytic review and an examination of relative coping. *Personality and Social Psychology Review, 6*(1), 2-30.

Turkish Red Crescent Society (n.d.). *How can we children help cope with trauma?* Ankara: Turkish Red Crescent Society.

Ulich, D. (1987). *Krise und Entwicklung. Zur Psychologie der seelischen Gesundheit*. München: Psychologie-Verlags Union.

Unterluggauer, K. & Kerer, L. (2008). Krimasos-Manual. *Krisenmanagement in sozialen Einrichtungen*. SOS Kinderdorf.

Ursano, R. J., Fullerton, C. S., Kao, T. C., & Bhartiya, V. R. (1995). Longitudinal assessment of posttraumatic stress disorder and depression after exposure to traumatic death. *Journal of Nervous and Mental Disease, 183*(1), 36–42.

Van Ommeren, M., Saxena, S. & Saraceno, B. (2005). Mental and Social Health During and After Emergencies: Emerging Consensus? *Bulletin of the World Health Organisation, 83*, 71-76.

VandelPol, B., Labardee, L. & Gist, R. (2006). The evolution of psychological first aid. *The Journal of Employee Assistance, 36*(2).

Vernberg, E. M., Steinberg, A. M., Jacobs, A. K., Brymer, M. J., Watson, P. J., Osofsky, J., Layne, Ch. M., Pynoos, R. S., & Ruzek, J. I. (2008). Innovations in disaster mental health: Psychological first aid. *Professional Psychology: Research and Practice, 39*(4), 381-388.

von Ameln, F. (2004). *Konstruktivismus. Die Grundlagen systemischer Therapie, Beratung und Bildungsarbeit.* Tübingen: Francke

Warger, R. (2014). *Der plötzliche Todesfall im schulischen Kontext: Bedürfnisse und Reaktionen von SchülerInnen, Eltern, Lehrpersonen und Schulleitung. Eine Studie im Kontext von Hauptschule und Gymnasium.* Unveröffentlichte Dissertation, Universität, Innsbruck.

Webb, N. (1993). *Helping bereaved children. A Handbook for Practitioners.* New York, NY: Guilford.

Werth, M. (2012). Krisenintervention bei Kindern und Jugendlichen. In B. Juen, & D. Kratzer (Hrsg.), *Krisenintervention und Notfallpsychologie. Ein Handbuch für Kriseninterventions-mitarbeiterInnen und psychosoziale Fachkräfte* (S. 89-119). Innsbruck: Studia.

Williams, R., Bisson, J., Ajdukovic, D., Kemp, V., Olff, M., Alexander, D., Hacker Hughes, J. & Bevan, P. (2009). *Guidance for responding to the psychosocial and mental health needs of people affected by disasters or major incidents. (NATO-TENTS Guidelines).* Retrieved from https://www.coe.int/t/dg4/majorhazards/ressources/virtuallibrary/materials/uk/Principles_for_Disaster_and_Major_Incident_Psychosocial_Care_Final.pdf

Winkler M. C., & Steinhausen, H. C. (2002). Bewältigungsstrategien im Jugendalter. *Zeitschrift für Entwicklungspsychologie und pädagogische Psychologie, 34*(4), 216-226.

Witt-Loers, S. (2013). *Trauernde Jugendliche in der Schule.* Göttingen: Vandenhoeck und Ruprecht.

Wolf, V. (2007). *Notfallpsychologische Akutintervention bei Kindern und jungen Jugendlichen nach traumatischen Unfallereignissen.* Dissertation. Leopold-Franzens-Universität, Innsbruck.

Worden, J. W. (2011). *Beratung und Therapie in Trauerfällen. Ein Handbuch* (4. überarb. und erw. Aufl.). Bern: Hans Huber.

Wustmann, C. (2004). *Resilienz. Widerstandsfähigkeit von Kindern in Tageseinrichtungen fördern.* Weinheim: Beltz.

Zenere, F. (2004). *How Children Cope With Trauma and Ongoing Threat. The BASIC Ph Model.* Bethesda, MD: National Association of School Psychologists. Retrieved from http://www.nasponline.org/resources/crisis_safety/ongoingthreat.aspx

Zheng, Y, Fan, F., Liu, X. & Mo, L. (2012). Life Events, Coping, and Posttraumatic Stress Symptoms among Chinese Adolescents Exposed to 2008 Wenchuan Earthquake, China. *PLoS ONE, 7*(1). Retrieved from http://journals.plos.org/plosone/article?id=10.1371/journal.pone.0029404

Znoij, H. J. (2006). Bereavement and posttraumatic growth. In L. G. Calhoun, & R. G. Tedeschi (Eds), *Handbook of posttraumatic growth. Research and Practice.* Mahwah, NJ: Lawrence Erlbaum.

X Anhang: Checklisten Schuleinsätze

Wie können Sie Schulen bei plötzlichen Todesfällen bestmöglich unterstützen?

Für eine bestmögliche Unterstützung ist das Kennen und Verstehen verschiedenster Reaktionen und Bedürfnisse der unterschiedlichen Betroffenengruppen sowie psychosozialer und organisatorischer Besonderheiten im Kontext Schule sehr wichtig.

1 Erste wesentliche Punkte im Schuleinsatz

⇨ Schuleinsätze sind komplexe Betreuungslagen und bedürfen einer Einsatzkoordination!

⇨ Die Hauptverantwortung liegt bei der Schulleitung, sie entscheidet und beauftragt! Es gilt vorherrschende Hierarchien und Strukturen anzuerkennen und sich ihnen anzupassen.

⇨ Es ist ein sofortiger Einbezug von psychologischen Fachpersonen (zumindest für eine telefonische Absprache) anzuraten (je nach regionalen Rahmenbedingungen, Aufgabenverteilungen, Angebote schulexterner Helfersysteme, ...).

⇨ Der Fokus im Schuleinsatz liegt beim Coaching der Führungspersonen (Schulleitung) und Betreuungspersonen (Lehrpersonen)! Es geht um die Stärkung der jeweiligen Kompetenzen und Handlungsfähigkeit dieser Personen.

⇨ Es ist wichtig den Handlungsdruck abzubremsen und zugleich schnellstmöglich Unterstützung anzubieten (eventuell bereits durch telefonische Beratung der Schulleitung):

» Anregen das innerschulische Krisenteam (wenn vorhanden) einzuberufen bzw. ad hoc ein solches zu bilden.

» Anregen Hierarchien einzuhalten (z.B. je nach örtlichen Rahmenbedingungen Schulamt, Landes- bzw. Stadtschulrat zu informieren).

» Anregen sich die Regelung der Informationsweitergabe zu überlegen: wer, wie, wann und durch wen informiert wird (Lehrpersonen, Schüler/innen, Eltern der Schule, Schulpersonal, ...). Hierbei Prioritäten setzen: wer sollte zuerst informiert werden?

» Anregen Presseabteilung vorzuinformieren bzw. eine/n Pressesprecher/in benennen.

⇨ Der Fokus liegt vorerst nicht auf der Betreuung, sondern auf der Strukturierung der Situation.

⇨ Schuleinsätze erfordern einen guten Überblick; es ist an verschiedenen Betroffenengruppen zu denken:

» Schulleitung

» Lehrpersonal

» gesamtes Schulpersonal (Sekretariat, Schulwart/in, ...)

» Schüler/innen

» mögliche Zeug/innen

» direkt betroffene Familie (eventuell weitere Geschwister an der Schule)

» Eltern der restlichen Schüler/innen

» Presse

2 Anregungen zur Unterstützung der Schulleitung

⇨ Ein schnellstmöglicher Überblick über die Situation sowie über vorhandene Ressourcen ist wichtig. Die Schulleitung ist Dreh- und Angelpunkt der Informationsweitergabe.

⇨ Unterstützung beim Planen erster Schritte. Regeln des Informationsflusses: Wer informiert wen, wann, wie? Berücksichtigung vorherrschender Hierarchien.

⇨ Unterstützung beim Erkennen und Aktivieren von (schulinternen und schulexternen) Ressourcen.

⇨ Anregen zur Bildung eines Auffangnetzes bzw. einer Anlaufstelle für Schüler/innen aus den restlichen Klassen (nicht hauptbetroffene Klasse), welche etwas mehr Aufmerksamkeit bedürfen.

⇨ Anregen besonders in einer solchen Situation Strukturen beizubehalten (Beibehaltung klarer Pausenregelungen und des anstehenden Nachmittagsunterrichts).

⇨ Eine baldige Wiederaufnahme des Alltags anregen, dabei aber die Wichtigkeit der Möglichkeit trotz allem jederzeit darüber sprechen zu können betonen.

⇨ Als Führungsperson ist es wichtig auch über mittelfristige Anlauf- und Beratungsstellen Bescheid zu wissen (potentielle Weitervermittlung).

Unterstützung der Schulleitung im Informationsmanagement

⇨ Prioritäten setzen: wer soll zuerst informiert werden?

⇨ Festlegen wer, wie, wann und durch wen informiert wird:

» Anregen, dass die Information an die Lehrpersonen durch die Führungsperson und die Information an die Schüler/innen durch ihnen vertraute Lehrpersonen (bei Bedarf mit Unterstützung von schulinternen bzw. schulexternen Krisenhelfer/innen) weitergegeben werden sollten.

» Sprachregelung wird, wenn möglich, schriftlich an alle Betreuungspersonen weitergegeben um eine einheitliche Weitergabe **gesicherter** Informationen gewährleisten zu können.

» Passen Sie die Wahl der Mitteilungsform je nach Ereignis, Schulgröße, Land oder Stadt entsprechend an (Telefonkette, E-mail, persönlich,...).

⇨ Eine Erstinformation sollte enthalten:

» **Fakten** (gesicherte Informationen über das Ereignis); Hier gilt es auf eine einheitliche Sprachregelung bzw. auf die Formulierung zu achten.

» Wie geht es weiter? Was sind die nächsten Schritte?

⇨ Zusatzinformation (je nach Bedarf und zeitlichen Ressourcen):

» Informationen über potentielle Reaktionen und Bedürfnisse.

» Informationen über potentielle Unterstützungsmöglichkeiten.

» Nennen potentieller Anlaufstellen.

Unterstützung der Schulleitung im Umgang mit den Eltern der Schule:

- ⇨ Die Eltern erwarten sich ein aktives, zeitnahes und bei Bedarf regelmäßiges Zugehen der Schule mit wichtigen Informationen. Hier ist die repräsentative Rolle der Schulleitung nicht zu unterschätzen.
- ⇨ Passen Sie die Wahl der Mitteilungsform je nach Ereignis, Schulgröße, Land oder Stadt entsprechend an (Elternbrief, Elternversammlung, Elternvertretung als mittelfristige Vermittlungsstelle zu den Eltern etc.).
- ⇨ Die Eltern brauchen Informationen
  - » Geht es meinem Kind gut? Ist es in Sicherheit?
  - » Über Fakten (Was ist passiert? ...).
  - » Über Interventionen (gesetzte u geplante).
  - » Über potentielle Reaktionen der Kinder.
  - » Über potentielle Anlaufstellen.
  - » Über eine Ansprechperson an der Schule.

- ⇨ **Elternbrief**: Es empfiehlt sich vorab Vorlagen für Elternbriefe (präventiv) auszuarbeiten, damit im Anlassfall rasch auf diese zugegriffen werden kann. Viele Schulen haben bereits solche Vorlagen ausgearbeitet.
- ⇨ **Elternabend**: Je nach Ereignis sollte auch Raum und Zeit für direkte Elternfragen (z.B. in Form eines Elternabends) geschaffen werden. Hierzu wird der Einbezug von Fachpersonen (z.B. Psycholog/innen) empfohlen.

Unterstützung der Schulleitung im Umgang mit den Medien:

- ⇨ Das gesamte Schulpersonal braucht klare Anweisungen und Regelungen zum Umgang mit der Presse (wie beispielsweise bei Anfragen an die zuständige Person zu verweisen) um eine einheitliche Information und einen einzigen Kommunikationsweg nach außen zu garantieren.
- ⇨ Das gesamte Schulpersonal muss auf Anfragen der Medien klare Angaben zum Auffinden und Erreichen des/r Pressesprechers/in machen können.
- ⇨ Ausschluss der Medien ist kontraproduktiv - aktives und gut vorbereitetes Zugehen geschulter Personen auf die Medien wird empfohlen.

3 Anregungen zur Unterstützung des Lehrpersonals

- ⇨ Eine zeitnahe, einheitliche Information des Lehrpersonals darüber was passiert ist und wie es nun weiter geht.
- ⇨ Lehrpersonen darin unterstützen ihre Rolle und ihre Aufgabe als Lehrperson in solchen Situationen erfüllen zu können, d.h. ein Coaching hinsichtlich wichtiger Themen im Umgang mit den Schüler/innen (siehe hierzu auch unten Checkliste Gruppeninterventionen).
- ⇨ Betroffenheit des Lehrpersonals nicht unterschätzen und abwägen, welche Lehrperson die Klassenbetreuung übernehmen kann.
- ⇨ Ein regelmäßiges Update der Lehrpersonen mit wichtigen, neuen Informationen.
- ⇨ Auch nach der Akutsituation Raum für Fragen aus dem Lehrpersonal geben. Bei Bedarf hinzuziehen psychologischer Fachpersonen zum Beantworten auftretender Fragestellungen.

4 Anregungen zu ersten Gruppeninterventionen

⇨ Die Information der Klasse bzw. das Gestalten der ersten Stunde sollte durch eine Vertrauensperson (Lehrer/innen dieser Klasse) und nur bei Bedarf mit Unterstützung von schulinternen/externen Krisenhelfer/innen durchgeführt werden. Die direkt betroffene Klasse sollte hier von mindestens zwei Personen begleitet werden. Ein vorausgegangenes Coaching dieser beiden Personen zum Umgang mit den Schüler/innen ist sehr wichtig.

⇨ Authentisches Auftreten ist wesentlich (eigene Betroffenheit sollte Platz haben, ohne darin völlig aufzugehen).

⇨ Eine zeitnahe Information der Klassen ist wichtig, um Gerüchten entgegen zu arbeiten und um das Vertrauen nicht zu verlieren:

» Passenden (geschützten) Rahmen schaffen.

» Einleitung (... ich muss Euch etwas Trauriges mitteilen).

» Das Schlimmste zuerst (... ist gestorben). Wichtig!: nicht um den heißen Brei reden, kurz, bündig, klar und einfühlsam.

⇨ Im Umgang mit Jugendlichen sollte beachtet werden, dass Jugendliche in solchen Situationen relativ rasch zum Handy greifen (starkes Bedürfnis der Kommunikation nach außen).

⇨ Sich von den Fragen der Schüler/innen leiten lassen und dabei offen und ehrlich auf ihre Fragen eingehen (hierbei Orientierung an gesicherten Informationen).

⇨ Handlungsmöglichkeiten bieten: Was möchte die Klasse tun? Gemeinsames erarbeiten von Gruppenritualen (z.B. Trauerort im Klassenzimmer, in der Aula gestalten). Von der Passivität in die Aktion!

⇨ Achten Sie auf genügend Rückzugs-, Handlungs- und Entscheidungsmöglichkeiten.

⇨ Jugendliche orientieren sich sehr stark an ihren Freund/innen (Peerunterstützung) und daher sollten für sie untereinander Gesprächsmöglichkeiten ermöglicht werden. Dies beinhaltet auch klassenübergreifende Freundschaftsunterstützungen.

⇨ Wichtig ist sich an der Sprache der Jugendlichen anzupassen, die körperliche Distanz zu wahren und sich nicht aufzudrängen.

⇨ Den Schüler/innen ist es ein Anliegen, dass von Seiten der Schule klare Zeichen gesetzt werden (Trauertisch, Trauerfahne etc.). Über Veränderungen bzw. Entfernungen solcher Zeichen (Rituale) wollen sie informiert werden.

⇨ Fördern Sie die Toleranz unterschiedlichster Reaktionen um gegenseitigen Vorwürfen unangebrachten Trauerverhaltens entgegenzuwirken.

⇨ Ruhiges und konsequentes Grenzen setzen ist in solchen Situationen sehr wichtig.

⇨ Eine baldige Wiederaufnahme des Alltags anregen, dabei ist aber die Möglichkeit trotz allem jederzeit darüber sprechen zu können sehr wichtig.

XI Anhang: Kurzübersichten

Auf den folgenden Seiten finden Sie die gesammelten Kurzübersichten der Zusammenfassungen der unterschiedlichen Perspektiven (Schulleitung, Lehrpersonal, Jugendliche, Eltern), den daraus resultierenden Reaktionen, Bedürfnissen und möglichen Interventionen, aus Kapitel VII "Verschiedene Perspektiven: Reaktionen und Bedürfnisse" (S. 43-59).

Schulleitung

Wie können Sie die Schulleitung bei Todesfällen im Kontext Schule unterstützen?

Für eine bestmögliche Unterstützung ist das Kennen und Verstehen potentieller Reaktionen und Bedürfnisse sehr wichtig.

Potentielle Reaktionen der Schulleitung

⇨ Die Schulleitung reagiert in solchen Situationen sehr unterschiedlich, in der Regel treten Stressreaktionen auf, wie beispielsweise Wahrnehmungsverzerrungen, körperliche Stressreaktionen, …

⇨ Nach einem ersten Schock ist die Schulleitung aber in der Regel relativ schnell wieder handlungsfähig und kann ihren Aufgaben und ihrer Rolle gerecht werden. Sie trägt die Einsatzleitung bzw. die Hauptverantwortung und muss den Überblick wahren sowie die Koordination übernehmen.

⇨ In den ersten Stunden, Tagen "funktioniert man irgendwie", erst später treten eigene Bedürfnisse in den Vordergrund. Es ist wichtig auf kurze Ruhephasen zu achten.

⇨ Zu beachten ist, dass bei schulinternen Unfällen bzw. bei Todesfällen im Rahmen von Schulveranstaltungen die eigene Betroffenheit besonders groß sein kann.

⇨ Das Zeigen eigener Betroffenheit und Trauerreaktionen, aber trotz allem Ruhe und Handlungsfähigkeit zu vermitteln ist eine zentrale Herausforderung von Seiten der Schulleitung.

Bedürfnisse von Seiten der Schulleitung

⇨ Innerhalb kürzester Zeit braucht die Schulleitung eine Übersicht über die Situation und konkret vorhandener Ressourcen.

⇨ Ein Coaching durch Fachpersonen wird in solchen Situationen von der Schulleitung in der Regel als sehr positiv wahrgenommen. Eine Unterstützung beim

» Planen erster Schritte, wie das Regeln des Informationsflusses

» Erkennen & Aktivieren von Ressourcen

» Planen erster psychosozialer Interventionen

⇨ Wichtig für die Schulleitung in Krisensituationen ist das Gefühl als Team zu fungieren. Auch die Unterstützung auf höherer Ebene, wie beispielsweise dem Schulamt, ist von großer Bedeutung.

⇨ Mittel- und Langfristig braucht die Schulleitung Informationen darüber, welche Anlauf- bzw. Beratungsstellen in ihrem Umfeld für welche Problemstellungen zuständig sind, um eine bestmögliche Weitervermittlung garantieren zu können.

⇨ Auch die eigene Psychohygiene der Schulleitung sollte nicht vernachlässigt werden.

Lehrpersonal

Wie können Sie das Lehrpersonal bei Todesfällen im Kontext Schule unterstützen?

Für eine bestmögliche Unterstützung ist das Kennen und Verstehen potentieller Reaktionen und Bedürfnisse sehr wichtig.

Potentielle Reaktionen des Lehrpersonals

⇨ Lehrpersonen reagieren sehr unterschiedlich, es gibt eine große Bandbreite potentieller Reaktionen: völlige Erstarrung, Weinen, Sprachlosigkeit, Überforderungsgefühl, Hilflosigkeitsgefühl, Schuldgefühl, starke Betroffenheit, Verunsicherung etc.

⇨ Nach einem ersten Schock sind Lehrpersonen aber in der Regel relativ schnell wieder handlungsfähig und können ihren Aufgaben und ihrer Rolle gerecht werden.

⇨ In den ersten Stunden, Tagen "funktioniert man irgendwie", erst später treten eigene Bedürfnisse in den Vordergrund. Es ist wichtig auf kurze Ruhephasen zu achten.

⇨ Zu beachten ist, dass bei schulinternen Unfällen bzw. bei Todesfällen im Rahmen von Schulveranstaltungen die Betroffenheit des Lehrpersonals besonders groß sein kann.

⇨ Das Zeigen eigener Betroffenheit und Trauerreaktionen, aber trotz allem Ruhe und Handlungsfähigkeit zu vermitteln ist eine zentrale Herausforderung im Umgang mit den Schüler/innen.

Bedürfnisse von Seiten des Lehrpersonals

⇨ Eine zeitnahe, einheitliche Information darüber was passiert ist und wie es nun weiter geht bzw. wie sie nun am besten mit den Schüler/innen umgehen können, ist für das Lehrpersonal sehr wichtig.

⇨ Das Gefühl eine erfahrene, geschulte, routinierte Fachperson als Unterstützung im Hintergrund zu haben, wird als sehr positiv und entlastend wahrgenommen.

⇨ Ein wesentliches Bedürfnis der Lehrpersonen sind Handlungsmöglichkeiten zu erhalten, um ihre Lehrer/innenrolle beibehalten zu können.

⇨ Lehrpersonen brauchen ein regelmäßiges Update über wichtige, neue Informationen.

⇨ Gegenseitige Unterstützung und Gespräche innerhalb des Lehrer/innenkollegiums können sehr entlastend für Lehrer/innen sein.

⇨ Auf längere Sicht gilt es Lehrpersonen auf bevorstehende Schlüsselereignisse (wie Geburtstage, Schuljahresende, Jahrestag, Allerheiligen, Weihnachten etc.) hinzuweisen und vorzubereiten.

⇨ Auch die eigene Psychohygiene des Lehrpersonals sollte nicht vernachlässigt werden.

Jugendliche

Wie können Sie Jugendliche bei Todesfällen unterstützen?

Für eine bestmögliche Unterstützung ist das Kennen, Verstehen und Ernstnehmen potentieller Reaktionen und Bedürfnisse sehr wichtig.

Potentielle Reaktionen von Jugendlichen bei Todesfällen

⇨ Während manche Jugendliche eher extrovertiert reagieren (z.B. schreien, weinen, viel darüber sprechen wollen ...) zeigen andere wiederum ein sehr in sich gekehrtes Verhalten (z.B. Zurückziehen, wirken ganz "cool", ...)

⇨ Im Schock können auch sehr häufig körperliche Symptome auftreten (z.B. starkes Schwitzen, kreideweiße Gesichter, ...). In den Tagen und Wochen danach können Appetitlosigkeit, Schlafprobleme sowie verschiedenste psychosomatische Reaktionen folgen, welche mit der Zeit aber wieder abklingen.

⇨ Jugendliche zeigen besonders in den ersten Stunden oft einen sehr starken Bewegungsdrang (Fluchttendenzen).

⇨ Sie stellen in der Regel viele und detaillierte Fragen über das Ereignis.

⇨ Wahrnehmungsveränderungen (z.B. wie in einem schlechten Film zu sein oder eine veränderte Zeitwahrnehmung zu haben, ...) sowie starke Schuldgefühle oder auch ein Gefühl der "Leere" (z.B. nichts zu fühlen) können auftreten.

⇨ Besonders Mädchen zeigen manchmal hohe Expressivität in ihrer Trauer und können dadurch ein gruppendynamisches Hochschaukeln bewirken.

⇨ Jugendliche können auch mit Aggression auf die Todesnachricht nahestehender Personen reagieren.

⇨ Oft sind Jugendliche gegenüber Erwachsenen sehr skeptisch und begegnen ihnen mit einem eher ablehnenden Verhalten. Sie suchen primär ihren eigenen Freundeskreis um mit solchen Situationen umzugehen.

⇨ Es kann zudem zu einem höheren Risikoverhalten kommen als gewöhnlich im Jugendalter (z.B. verstärkter Alkohol- und anderer Suchtmittelkonsum).

⇨ Ähnliche Vorfälle, Geburtstage, Jahrestage, Weihnachten etc. können den Verlust wieder ins Zentrum rücken und eben dargestellte Reaktionsweisen (nachdem sie abgeklungen sind) wieder aufkommen lassen.

(Fortsetzung nächste Seite)

Bei Zeugenschaft

Besonders die Frage "schnell und richtig reagiert zu haben" und potentielle Schuldgefühle können hier neben akuten Stressreaktionen eine zentrale Rolle spielen. Mittelfristig gesehen können Zeug/innen beispielsweise eher mit traumatischen Stressreaktionen, wie Wahrnehmungsverzerrungen, starken Schuldgefühlen, Intrusionen (sich aufdrängende Bilder, Gerüche, …), Schlafstörungen, Ängsten etc., konfrontiert sein.

Kernbedürfnisse von Jugendlichen bei Todesfällen

⇨ Eine zeitnahe Information ist im Umgang mit Jugendlichen sehr wichtig, um Gerüchten entgegen zu arbeiten und um ihr Vertrauen nicht zu verlieren.

⇨ Jugendliche stellen viele Fragen, hier ist ein offenes und ehrliches Beantworten ihrer Fragen fundamental.

⇨ Im Umgang mit Jugendlichen sollte beachtet werden, dass Jugendliche in solchen Situationen relativ rasch zum Handy greifen (starkes Bedürfnis der Kommunikation nach außen).

⇨ Jugendliche orientieren sich sehr stark an ihren Freund/innen (Peerunterstützung) und daher sollten für sie untereinander Gesprächsmöglichkeiten ermöglicht werden; dies beinhaltet auch klassenübergreifende Freundschaftsunterstützungen.

⇨ Sie brauchen Rückzugs-, Handlungs- und Entscheidungsmöglichkeiten.

⇨ Den Schüler/innen ist es ein Anliegen, dass von Seiten der Schule klare Zeichen gesetzt werden (Trauertisch, Trauerfahne etc.). Über Veränderungen bzw. Entfernungen solcher Zeichen (Rituale) wollen sie klar informiert werden.

⇨ Wichtig ist sich an der Sprache der Jugendlichen anzupassen, die körperliche Distanz zu wahren und sich nicht aufzudrängen.

⇨ Es gilt die Toleranz unterschiedlichster Reaktionen zu fördern, um gegenseitigen Vorwürfen unangebrachten Trauerverhaltens entgegenzuarbeiten.

⇨ Klare Strukturen bieten Sicherheit und sollten besonders in solchen Situationen beibehalten werden (z.B. Beibehaltung klarer Pausenregelungen und des anstehenden Nachmittagsunterrichts).

⇨ Jugendliche brauchen Grenzen. Ruhiges und konsequentes Grenzen setzen ist auch in solchen Situationen sehr wichtig.

Eltern

Wie können Sie als Schule Eltern beim Todesfall eines/r Schülers/Schülerin unterstützen?

Für eine bestmögliche Unterstützung ist das Kennen und Verstehen potentieller Bedürfnisse bzw. Erwartungen an die Schule sehr wichtig.

Bedürfnisse bzw. Erwartungen von Eltern des/der verstorbenen Schülers/Schülerin an die Schule

⇨ Die Eltern erwarten sich in der Regel eine zeitnahe Kontaktaufnahme und das mittelfristige Zugehen von Seiten der Schule auf die betroffene Familie.

⇨ Im Umgang mit der betroffenen Familie sind kulturelle Hintergründe zu beachten.

⇨ Die betroffene Familie sollte über geplante Rituale und weiteres Vorgehen von Seiten der Schule Bescheid wissen.

Bedürfnisse bzw. Erwartungen von Eltern der restlichen Schüler/innen an die Schule

⇨ Die Eltern erwarten sich ein aktives, zeitnahes und bei Bedarf regelmäßiges Zugehen mit wichtigen Informationen von Seiten der Schule.

⇨ Je nach Ereignis, Schulgröße, Land oder Stadt sollte die Wahl der Mitteilungsform entsprechend angepasst werden (Elternbrief, Telefonkette, Elternversammlung, ...).

⇨ Das vordergründige Bedürfnis ist die Information darüber, ob es ihrem Kind gut geht und es in Sicherheit ist.

⇨ Die Eltern brauchen Informationen über

» Fakten (was ist passiert? ...)
» Interventionen (gesetzte und geplante)
» potentielle Reaktionen von den Kindern
» potentielle Anlaufstellen
» eine Ansprechperson an der Schule

⇨ Je nach Ereignis sollte auch Raum und Zeit für direkte Elternfragen (z.B. Elternabend) geschaffen werden. Hier kann der Einbezug von Fachpersonen (z.B. Psycholog/innen) sehr hilfreich sein.

⇨ Fördern Sie den Austausch und die Vernetzung zwischen den Eltern in solchen Situationen, da dies eine wertvolle gegenseitige Unterstützung darstellen kann.

Barbara Juen und Dietmar Kratzer (Hrsg.)

Krisenintervention und Notfallpsychologie.
Ein Handbuch für KriseninterventionsmitarbeiterInnen und psychosoziale Fachkräfte.

Band 1 der Reihe Krisenintervention und Notfallpsychologie, herausgegeben von Barbara Juen und Dietmar Kratzer

Studia Universitätsverlag Innsbruck 2012, 230 Seiten

987-3-902652-58-4

Euro (A) 34,80

Das **Interventionsmodell der bedürfnis- und ressourcenorientierten psychosozialen Unterstützung** von Betroffenen in der Akutphase nach traumatischen Ereignissen, wie dem plötzlichen Tod oder der schweren Verletzung von Angehörigen, wird Schritt für Schritt dargelegt und anhand vieler Fallbeispiele erläutert.

Das **Interventionsmodell** baut auf den Erfahrungen aus mehr als 10 Jahren Krisenintervention des fachlichen Hintergrunddienstes (KI/SvE) des ÖRK Tirol und den Forschungsarbeiten der Arbeitsgruppe Notfallpsychologie der Universität Innsbruck auf.

Barbara Juen, Dietmar Kratzer, Thomas Beck (Hrsg.)

Krisenintervention & Notfallpsychologie bei Großschadenslagen & Katastrophen.
Ein Handbuch für KriseninterventionsmitarbeiterInnen und psychosoziale Fachkräfte.

Band 2 der Reihe Krisenintervention und Notfallpsychologie, herausgegeben von Barbara Juen und Dietmar Kratzer

Studia Universitätsverlag Innsbruck 2013, 306 Seiten

987-3-902652-82-9

Euro (A) 34,80

Das vorliegende Buch ist eine Zusammenfassung von Forschungsstand und Richtlinien zum Thema psychosoziale Unterstützung in komplexen Betreuungslagen, Großschadensereignissen und Katastrophen vor dem Hintergrund unserer 15 jährigen Erfahrung im Bereich der psychosozialen Unterstützung in derartigen Ereignisfällen.

Das Buch richtet sich zum einen an Personen, die in der Praxis der Krisenintervention/Akutbetreuung bzw. Psychosozialen Notfallversorgung tätig sind. Zum anderen richtet es sich an Personen, die in diesen Bereichen als Führungskräfte arbeiten sowie an interessierte Personen aus dem Bereich der Forschung. Es besteht aus den vier Teilen Grundlagen, Praxismodell für Führungskräfte, Forschungsergebnisse und aus einer Übersicht europäischer und internationaler Richtlinien, Handbücher und Tools.